U0071468

思想觀念的帶動者

文化現象的觀察者

本土經驗的整理者

生命故事的關懷者

Psychotherapy

探訪幽微的心靈，如同潛越曲折逶迤的河流
面對無法預期的彎道或風景，時而煙波浩渺，時而萬壑爭流
留下無數廓清、洗滌或抉擇的痕跡
只為尋獲真實自我的洞天福地

心靈工坊
PsyGarden

以瘋狂之名
英美精神異常抗辯史
In the Name of Madness :
A Historical Overview on the Insanity Defense in
Britain and the United States

楊添圍 | 著

目次

推薦序一：法學與精神醫學的重要橋樑／張麗卿　　　　　　　　9

推薦序二：英美精神異常抗辯的歷史演義／吳文正　　　　　　　11

推薦語　　　　　　　　　　　　　　　　　　　　　　　　　13

自序：我們終將克服難關　　　　　　　　　　　　　　　　　15

第一章　馬克諾頓：揭開現代精神異常抗辯的序幕　　　　　　　19

　　　前言　　　　　　　　　　　　　　　　　　　　　　　19

　　　早期的免責觀念　　　　　　　　　　　　　　　　　　19
　　　　瘋人、孩童與野獸／是非對錯準則的起源

　　　啟蒙時代到工業革命之間的數個審判　　　　　　　　　24
　　　　肚子裡的魔鬼與邪惡的管家
　　　　特魯里街皇家歌劇院槍殺案與妄想準則
　　　　貝林罕的絞刑台：妄想準則的否定？
　　　　行刺女王：妄想準則以及不可抗拒之疾病衝動

　　　世紀之審：丹尼爾‧馬克諾頓案　　　　　　　　　　　36
　　　　案件經過／審判過程
　　　　貴族院的五個提問：歷史性的馬克諾頓判決

　　　〔不可不知的重要人物〕
　　　再生之旅：從弒君者到正直良善的公民　　　　　　　　55
　　　　重生的自由人／「我殺了維多利亞」／等候女王發落／尾聲

第二章　馬克諾頓法則與不可抗拒之衝動　　　　　　　　　　65

　　　馬克諾頓法則之個別元素　　　　　　　　　　　　　　66
　　　　1. 心智疾病／2. 理性缺損／3. 知曉／4. 行為之本性與特質
　　　　5. 錯誤

　　　對馬克諾頓法則的批評　　　　　　　　　　　　　　　73

　　　新罕布夏法則：產物法則的前身　　　　　　　　　　　81

　　　不可抗拒之衝動？　　　　　　　　　　　　　　　　　83

從不可抗拒衝動到自我控制準則　　　　　　　　85

〔不可不知的重要人物〕蘇格蘭人馬克諾頓　　　93
黑衣女王的八次劫難／帝國崛起：不安的維多利亞時代
馬克諾頓的刺殺／審判與監禁／後語

第三章　醫療準則的法庭實驗與典範再臨：從達倫法則到模範刑法典 107

馬克諾頓法則，廢或存？　　　　　　　　　　　107

產物法則與達倫判決　　　　　　　　　　　　　109

達倫案：三度入院竊賊引發的法庭實驗　　　　　111

實驗的結果　　　　　　　　　　　　　　　　　116

1962年麥克當諾判決　　　　　　　　　　　　　120

典範再臨：模範刑法典法則　　　　　　　　　　122

第四章　以疾病之名：局部精神異常與單一狂躁症　　131

精神異常：宛如野獸或全然瘋狂？　　　　　　　131

精神異常的各種樣貌　　　　　　　　　　　　　133

單一狂躁症　　　　　　　　　　　　　　　　　134

昂希妲‧葛尼耶與殺人狂躁症　　　　　　　　　137

專家證人：精神科醫師出庭　　　　　　　　　　139

局部精神異常與妄想準則　　　　　　　　　　　142

典範轉移：診斷概念的改變　　　　　　　　　　148

第五章　來自蘇格蘭的另類思考：減輕責任　　　　155

局部精神異常與部分責任　　　　　　　　　　　155

「瘋老爺」汀沃案　　　　　　　　　　　　　　159

引進英格蘭　　　　　　　　　　　　　　　　　162

減輕責任立法之後　　　　　　　　　　　　　　164

第六章　狂烈的愛：辛克利案與精神異常抗辯改革　173

「史上最偉大的愛情展示」　173
從未謀面的影迷／刺殺行動開始

希爾頓飯店前的槍擊　177

辛克利的審判：專家的戰爭　179

全民運動：抨擊精神異常抗辯　184
因精神異常而無罪的留置／力圖改革：限縮、廢除或替代
舉證責任與專家證詞

改革成效　193
廢除精神異常抗辯／限縮法律準則／舉證責任
有罪但有精神疾病

第七章　精神異常抗辯別來無恙　207

普世原則：認知準則與控制準則　207

疾病原則與產物法則　212

無罪，但自由了？　214

挪威悲劇：722大屠殺　217

壞或瘋　219

專家的戰爭或輿論的審判？　222

延伸閱讀　229

【推薦序一】法學與精神醫學的重要橋樑

　　楊醫師的大作《以瘋狂之名：英美精神異常抗辯史》，是一本描寫近代司法精神醫學發展史的書。這本書所寫的是近兩百年來英美司法精神醫學的發展，書中針對近現代重要的司法精神醫學案例有詳細的說明，例如，1981年，刺殺美國總統雷根的兇手辛克利；2011年，挪威的極端青年布列維克爆炸殺害八人、重傷九人，槍殺六十九人的案例。對於重要案例的法院攻防，書中有詳細的交代、解析及說明。這本書對於精神醫師、法官、檢察官、律師、法律系的學生、有求知慾的一般社會大眾，都極具閱讀與參考價值。

　　依照刑法體系，行為人從事不法行為，必須在人格構造沒有問題的條件下，才能對於他的行為加以責難，令其負擔完全的刑事責任。精神異常或心智缺陷的人，屬於人格構造有問題的人，這種人無法正確的感受自己行為的危害性，不能正確的控制自己，所以欠缺責難的基礎。這種思考，無論是歐陸刑法或英美刑法，都是一樣的。

　　楊醫師在書裡提到辛克利的案件，法官提醒陪審團所說的話：「法律規定陪審團應做出因精神異常而無罪的判定：如果被告在犯罪行為時，因為精神疾病或心智缺陷的結果，缺乏使

其行為依循法律要求的實質能力，或者是，缺乏實質能力去感知其行為的違法性。」這段話說明了不同法系對於精神異常的刑法責任有相同的判斷標準。

　　法律人通常都缺乏精神醫學的知識，但是精神異常與法律之間的關係又如此緊密，所以，兩個學門需要一座橋樑當作媒介。楊醫師的這本書文字清楚、引註翔實、思路清晰，對於兩百年來的西方司法精神醫學發展有精要詳細的說明，足以成為法學與精神醫學的重要橋樑，因此樂於向讀者推薦。

張麗卿

國立高雄大學財經法律系

專任教授兼系主任

【推薦序二】英美精神異常抗辯的歷史演義

　　添圍一向為身旁友人的「友直、友諒、友多聞」的朋友。他自從進入精神醫療領域後，從住院醫師到主治醫師，乃至於主任與醫務長，都一直待在素享盛名的臺北市立聯合醫院松德院區。松德院區在聯醫改制前稱作臺北市立療養院，一般簡稱市療，該院長期擔任精神醫療的重任，不僅為我國精神醫療提供臨床上的診療服務與教學研究，同時也為地方及中央政府提供政策上的建言。此外，該院更為司法實務提供精神鑑定相關的服務與教研，若說該院具有美國聖伊莉莎白醫院（St. Elizabeth's Hospital）與麥克萊恩醫院（McLean Hospital）等著名精神專科醫院的地位，也非過譽。

　　由於添圍長期在松德院區工作，讓他的醫學科學訓練與個人人文素養得到滋養與發揮。雖然已經在該院深耕臨床與司法精神醫療多年，肩負著臨床鑑定與教學研究，但他又為了提升在精神鑑定相關領域的專精能力再度進修，獲得臺北大學犯罪學研究所碩士學位。這幾年來，他更身兼臺灣精神醫學會司法精神醫學小組召集人，為相關精神科病人的精神鑑定工作與人權奮鬥，卓然有成效。

　　個人雖較早進入松德院區接受專業訓練，且也曾為司法精

神醫學小組召集人，在這一向被外界甚至同業認為生冷的領域，一直有添圍可以相互切磋與砥礪，至今已經許多年了。個人知道，從添圍碩士論文《法院委託鑑定之精神分裂症患者之再犯因素分析》後，他就一直努力研究，期待能出版一本專書，以奉獻他所學所知。在詳細閱覽本書多次後，個人發現這本書，採取歷史辯證的觀點，將著名、具指標意義的司法實務案例做深入淺出的探討。添圍一向文采盎然，可把生硬又專業的冷門領域，變成饒富趣味的故事，此書像極了歷史演義，可以看到案裡所處在的歷史長河中，法院見解與社會價值如何隨著時間流轉。個人相信，讀者在閱讀後，除獲得閱讀的滿足之外，必然會對司法精神醫學的重要領域，也是精神鑑定議題之一「精神異常辯護」有更深入的認識與啟發。

　　個人認為，本書除可供專業人士教研究之用，對這領域有興趣一般社會大眾亦有吸引力，因此樂為此序，並推薦給讀者。

吳文正

衛生福利部桃園醫院顧問醫師、

衛生福利部附屬醫療及社會福利機構管理會副執行長、

前臺灣精神醫學會司法精神醫學次專科學術召集人、

輔仁大學醫學院、法律學院兼任助理教授

【推薦語】

　　精神異常抗辯最能具體顯現醫法兩界對心智現象見解的眾
聲喧嘩：不僅是正常與異常的分野，也在於意識與行為的本
質。這本書看似歷史，卻著眼於當下，可以激發各界讀者思索
非理性在這個理性時代的司法處遇乃至於一般處境。

陳嘉新

國立陽明大學科技與社會研究所助理教授、

精神科專科醫師

　　這是個會講故事的人！

吳建昌

臺大醫院精神醫學部主任、

臺灣大學醫教生倫所副教授

以瘋狂之名：英美精神異常抗辯史

【自序】我們終將克服難關

感謝兩位在司法精神鑑定專業裡，對我影響深遠的良師益友，張麗卿教授，以及吳文正副執行長，為本書寫序。

好友劉絜愷醫師，精神鑑定的前輩，曾向我說，或許，在我們可以累積經驗與理論之前，應該好好撰寫個案的歷史；戰鬥夥伴，游正名醫師，同樣是精神鑑定的前輩，多年前某日，送我一本精神異常抗辯的書，書內扉頁寫著：「We shall overcome」（我們終將克服難關）。

兩位的想法，是這本書最原始的動機。

英美法的精神異常抗辯，對臺灣的刑案精神鑑定醫師影響甚大，但是這些具有歷史性的個案史，卻不太容易有機會仔細推敲，進而了解其前後脈絡。筆者能力有限，因此這本書為了達成前述目標，一直力圖限縮在英美精神異常抗辯（insanity defense）的重要準則，以及個案歷史與相關準則前後脈絡的軸線上；筆者雖然盡力避免在無力妥善處理又難免誤導他人的議題上著墨過多，例如英美的減輕責任議題、證據責任與法庭程序，以及精神異常犯罪者的處遇與安置問題等，但是，仍無法完全忽略這些議題。

　　精神異常抗辯從歷史個案的審判過程，我們可以看到馬克諾頓到模範刑法典，認知準則與控制準則各自發展的脈絡與挑戰，更發現從兩百多年前，直到現代法庭，審判中的攻防與各自的立論，不僅似曾相似且依然糾結。關於疾病診斷與論理，精神鑑定這專業學門多年來試圖建立起自我認同與肯定，卻又時時必須面對外界質疑；附錄兩位著名個案史，則是在敘事論理之餘加以設想，精神異常無罪者，可能會面臨的個人安置與公眾安全議題。

　　註解中隨附原文，一方面是希望信而有徵，讓閱讀者可以查閱對照，更加針砭斧正；另方面，若後續倘有校閱或修訂，也希望得以在中文翻譯上更加精確傳達。

　　感謝在精神鑑定工作中，對我啟發與激勵的前輩與同儕們：陳喬琪教授、陳登義院長，兩人的啟蒙和帶領；蔡榮裕醫師，使我有進修與寫書的勇氣；曾念生醫師，基於同樣對歷史與司法精神醫學的偏好，常得其迴響。感謝精神醫學界許多同儕，特別是臺灣精神醫學會司法精神醫學學術委員會，各位直諒多聞益友的砥礪。

　　筆者以為自己是一位精神醫學歷史的爬梳者，常常假設：針對問題，追本溯源就容易找到答案；而刑案精神鑑定又是多年來專業投入最多的領域，更每每必須面對司法官的提問，給予答案。然而，對於何謂最佳的精神異常抗辯準則，個人坦承

無法知道正確答案為何。不過，筆者總是希望，已經把精神異常抗辯的大部分問題呈現於此。原本應該是一個不自量力的著作行為，希望在蒐集好問題之後，可以讓閱讀者或同儕少做點苦功，以便爾後問對問題，有助於尋找各自心中的答案。

楊添圍

2015年底於象山

【第一章】馬克諾頓：揭開現代精神異常抗辯的序幕

前言

　　精神異常（insanity）[1]，是英美法的法律名詞，也「曾經」是醫學名詞，雖然各自的意義不盡相同。現今認為這只是法律名詞，則是因為醫學上已經不再使用這樣的字詞。[2]

　　精神異常抗辯（insanity defense）：**以精神異常為由作為無罪抗辯的理由**，必然有模糊與不確定之處。我們很難精確地描述，一個人到底有沒有能力，對於自己行為的可能性，進行「正常地」或「合理地」選擇。也因此，也很難去評量一個人，是否應該對他所做的錯誤行為負起責任。對於極端或明顯精神異常的案例，人們很容易達到共識，而認為行為者不應受到處罰；但是，在許多案例中，行為者並不是如此地精神異常。[3]

早期的免責觀念

瘋人、孩童與野獸

　　最早用來說明為何不處罰瘋癲與癡愚者的概念，是來自於

對於孩童為何不須處罰的想法。

十三世紀英國法官布萊克頓（Henry de Bracton, 1210-1268）認為，行為者若缺乏意志與企圖，就不構成偷竊；因此，孩童與瘋人就不應受罰。[4]在他的《英格蘭的法律與習慣》（On the Laws and Customs of England, *De Legibus et Consuetidinibus Angliae*）說到：

> 若無傷害的意志，犯罪就不成立。不當行為是由意志與企圖這兩個條件來界定，因此沒有偷竊的想法，偷竊就不成立。如此，就可以討論孩童與瘋人，一方是受限於他天生無知；另一方，則是他不幸的行為。對於不當行為，我們要審視的是其意志，而非其造成的後果。

學者沃克（Nigel Walker）認為，布萊克頓在此聲稱可以免責的原因，對於孩童，是由於缺乏企圖（innocence of intent/design），對於瘋癲者，則是由於其不幸的行徑（misfortune of the deed）。以上這些說法，可能引用自羅馬法學者莫德斯丁（Modestinus）。

不過，沃克還原莫德斯丁的說法，準確地說，他是指行為者他不幸的命運（the misfortune of his fate, *infelicitas fati*），是羅馬法從寬處理瘋癲者的原則，但是對於孩童的原則卻是基於不同的理由。莫德斯丁認為，他的不幸、他的瘋癲，本身已經是處罰了，因此，和不處罰孩童的理由不一樣，不處罰瘋癲者，與其意圖無關。

　　布萊克頓的論點，後來的愛德華・寇克（Edward Coke, 1552-1634）與巴倫・休謨（Baron Hume, 蘇格蘭法學者）都一再沿用。雖然其他專家會將兩者放在一起類比，認為瘋癲者與孩童一樣，並無意志，因此可為免責的理由。但是，布萊克頓引用時，卻沒有仔細加以區別莫德斯丁對兩者免責的理由其實並不相同。[5]以現代的語言來說，不處罰孩童，是因為其缺乏犯罪意圖，因此不構成刑法上的犯罪行為；但是，莫德斯丁主張不處罰瘋癲者，則是認為縱使有犯罪行為，但是基於瘋癲者本身的不幸，雖然構成犯罪，但是得以豁免處罰。

　　除了用孩童的比喻，著重在缺乏企圖與意志，而不處罰瘋癲者，另一個理由，則來自於區辨能力、理解力或記憶力等，類比的對象則是缺乏理性的野獸。

　　布萊克頓在討論民事行為的辨識能力時，也認為，理性與理解力是最重要的觀念，並指出野獸缺乏理性。[6]

　　癡愚瘋癲者，宛如孩童、宛如野獸，在腦海裡可以想像，但是，理性或是理解力，在真實情境中，又如何來評斷呢？這時候，一些日常生活之簡單知識與能力，首先成為評斷的方法。

　　十七世紀英國法官馬修・赫爾（Matthew Hale, 1609-1676）認為，天生癡愚者，無法計算二十先令、無法回答自己父母是誰以及閱讀信件，無須因行為而受責罰。[7]

　　赫爾引用十五世紀學者費策伯特（Fitzherbert）的觀念，認為：[8]

癡愚，或天生愚笨，如同費策伯特所描述，無法數
到二十先令，或是不知自己的父母、不知自己的年齡。
如果，他可以閱讀信件，可以瞭解他人的指示教導，他
就不是癡愚者。

赫爾又引用十六世紀法學者愛德華・寇克的說法：[9]

再者，一個心智完全異常或是全然瘋狂者，如下所
述，是免於重罪或叛國的罪責的。也就是在寇克閣下所
著之《寇克之法庭答辯》第6頁所說，絕對的瘋狂，而且
完全失去記憶力。

同時兩人都指出，精神異常有不同的程度，狀態上也可分
為短暫、永久或是間斷性。[10]

無論是孩童缺乏意志或企圖，或者是野獸失去理性、失去
記憶，都是用比喻或類比的概念，以及簡單的能力鑑別，企圖
來理解所謂精神異常或瘋人。

宛如野獸，失去理性；宛如孩童，缺乏基本辨識能力，這
些是利用一般人對於某些狀態的類比。但是如果更進一步，如
何證明一個人失去理性、失去基本能力、不知對錯，那麼各種
檢測方式就會出現，例如無法數到二十先令，不知自己父母是
誰，無法閱讀信件或遵從他人教導。

從類比到單項或數個能力的檢測，企圖找到理性與非理性
的界限，這樣的概念與檢測方式雖然粗糙，但是，在人們的心

中，持續的時間可能比任何後續法律概念都更為持久。

是非對錯準則的起源

對於瘋人責任的判定，從比擬為野獸之缺乏理性，到比擬為孩童之缺乏簡單的能力（計算、辨識父母和閱讀信件），到缺乏記憶力、缺乏辨識能力，都構成了早期各種嘗試建立的準則與觀點。

而寇克最重要的影響是指出區辨能力

> **是非對錯準則**
> **（right-wrong test）**
> 十六世紀英格蘭法官寇克（Edward Coke）提出。認為瘋人因沒有心智也沒有區辨能力，無法區辨善與惡、對與錯，因此，無需負擔刑責。

（discretion），特別是對於是非對錯的區辨能力，是瘋人無須負擔刑責的原因。他認為：

> 在刑事案件中，如重罪，瘋人的行為不可歸責於他，因為在這類案件中，人有犯罪的想法，其行為方須負責，而瘋人沒有心智或區辨能力。如果，單純出於狂暴的憤怒，則要接受處罰。[11]

瘋人，沒有心智也沒有區辨能力，因此，無法區辨善與惡、對與錯。

早期的是非對錯準則（right-wrong test）於焉成立。[12]

啟蒙時代到工業革命之間的數個審判

十八世紀到1843年之間一系列的案件，成為爾後在討論精神異常抗辯時常會加以引用的重要歷史案例。梅德（Thomas Maeder）認為，這一系列案件建立了精神異常抗辯的準則，證人作證的重點，以及陪審團的指引，也建立了後來極少改變的審判策略。[13]

梅德的說法似乎認為，經過十九世紀系列案件的思辯歷程，現代精神異常抗辯的概念，其程序就大致浮現雛型。但是另一位學者沃克則認為，這些案例凸顯了早期精神異常抗辯在內容與程序上的重要爭議，然而實際上精神異常抗辯的概念，仍舊要經過漫長的時間才逐漸確立，而且屢經波折。沃克認為，歷史的發展與事實，不如梅德所描述的那樣簡單或一蹴即成。

正如十八世紀的英格蘭與威爾斯，偷竊財物超過四十先令的九歲男童，可能被處以絞刑，而當時每年約二百人處死。因此，陪審團常常會對於這樣的處罰感到不安，而努力降低所認定的贓物價格，以避免年幼的被告處以絞刑。[14]其實，精神異常抗辯也經歷了好幾場辯護人、法官與陪審團互動的歷程，才逐漸確立。

無論如何之後的精神異常抗辯，確實都會回到馬克諾頓案以及之前的幾個審判，時間大致落在十八世紀到十九世紀中葉。

肚子裡的魔鬼與邪惡的管家

1724年，愛德華・阿諾（Edward Arnold，被當地人稱為crazy Ned或mad Ned），槍擊了湯馬士・昂斯洛（Thomas Onslow）勳爵，因為阿諾認為昂斯洛派了小魔鬼與惡魔來干擾自己的睡眠與食慾。

阿諾是個怪異、失業的地方人士，以漁獵和他人救濟度日。一系列的人證出庭作證指出，他小時候就會將炙熱的煤炭丟到父親的餐盤裡，也會傻笑、說無意義的話、發出像貓頭鷹的叫聲或叫著布穀。一位前女房東說，他缺乏基本的判斷力，有一次還把地毯撕碎後塞一塊到耳朵裡。好幾次他威脅要自殺，或是要求理髮師劃破他的喉嚨。一位地方稅吏說，綽號「瘋諾」（mad Ned）的阿諾不久前在她的酒吧喝酒，抱怨昂斯洛勳爵在他的肚子裡，其他看熱鬧的酒客開玩笑說會陪他去找勳爵抱怨，為什麼對這個可憐人造成這麼特別的困擾。阿諾有時會聲稱昂斯洛是所有奇怪裝置、騷動與地上混亂的原因；而勳爵用蟲子、瘟疫等等來折磨他個人。[15]

審判過程中，檢察官對於被告是否精神異常提出反駁，其反駁的語句可以稱為最早的典型論述。[16]檢察官指出他並非完全失去理性；他的朋友認為他瘋了，但是從來不會叫他離開。而且犯罪當天，他買了槍、彈藥，也嘗試射擊。被告還詢問路人是否看到勳爵。這些都是目的與計畫。最後檢察官指出，犯罪後，他逃跑。在獄中，他宣稱對自己所為感到後悔。檢察官認為懊悔是最明確的罪證，顯示他知曉自己所為是錯誤的。

旁人的觀察，事先預謀，事先計畫，事後逃走，事後懊

悔，諸如此類，都證明被告不是精神異常。無論是駁斥所謂精神異常，或是指稱被告仍舊具有理性，不是真正的精神異常，這些外顯行為的證據都一一被提出。

這類質疑，將成為精神異常抗辯歷史中，持續存在的背景雜音或抗議之聲。

審判最後，法官崔西（Tracy）引用赫爾的經典《英國法庭答辯的歷史》（*History of the Pleas of the Crown*）：[17]

> 有些人，對於某些事務有能力運用理性，但是在某些情境之下，則有特定的痴呆狀態……這種局部精神異常，似乎不應該免除其罪……我可以想到最好的準則是，在黑膽質性情緒失調的影響下，還是具有尋常十四歲孩子所具有的理解能力，那這個人面對叛國以及重罪犯行時，就是有罪的。

局部精神異常不應免除其罪，是因為對於某些事物仍有能力運用理性，可以像十四歲的孩童一樣。這個見解，在往後的抗辯歷史裡，將成為妄想準則的一大爭論主題。最主要的原因依舊是，人們認為瘋狂應該是相當狂亂、完全失去理性的情形。

崔西指引陪審團，免除罪責的精神異常狀態應該是：[18]

> 由於上帝的懲罰，他無法區辨善與惡，不知曉自己所為，雖然他犯下最重的罪行，但是無論所犯法律為

何，他都不是有罪的：因為，罪責來自於心智，人的惡意與企圖……並不是所有擁有瘋狂或匱乏體液的人，都可以免受公平正義責罰……必須是一個人完全缺乏理解與記憶力，不知自己現在所為，宛如嬰兒、畜牲、野獸一般，才不會是處罰的對象。因此我必須讓各位去考慮，座前這個人呈現給你們的，是屬於哪一方。這個人是否呈現他知曉自己所為，可以區辨他自己所為是善是惡，而且了解自己所為之事。

如法官所言，被告宛如野獸般嗎？被告宛如嬰兒般嗎？被告有如十四歲以下孩童嗎？被告完全無法辨別是非善惡嗎？我們還可以繼續追問，他知道自己的父母嗎？他可以閱讀信件嗎？他會數二十先令嗎？

在這樣的前提之下，答案似乎很明顯。

阿諾遭陪審團判決有罪，並判處死刑。幸好，受害者昂斯洛受傷後康復，介入執行，建議暫緩行刑。阿諾之後終身待在獄中。[19]

1760年，費勒斯伯爵在自宅槍殺管家。當管家遭到槍擊後，伯爵拒絕別人前來救援護送管家就醫，讓他傷重等死。一群武裝村民闖入伯爵家中逮捕伯爵，伯爵卻鼓掌並歡呼，我殺了一個壞蛋惡棍，他的死亡讓我覺得很光榮。[20]

審判中，總檢察長說到：[21]

庭上，就某種意義而言，所有犯罪都來自於精神異常。所有的殘酷行為、野蠻行為、報復行為、不公不義，都是精神異常。在古代，確實有哲學家持著這樣的看法，而且成為他們宗派嚴格謹守的箴言。然而，庭上，在哲學是正確的，對司法而言卻相當危險。

法庭指出，應該援用赫爾嚴格的觀點：[22]

一個人可能因為永久地全然缺乏理性或是暫時地全然缺乏理性，而無罪，但是，僅能基於如此。如果是局部精神異常而混雜著一定的理性，而足以克制自己的意圖，或是明辨行為的本質，或是區分出道德上的良善與邪惡，如此一來，根據行為所顯示的事證，法律仍應該加以制裁。

費勒斯被判有罪。

這兩個十八世紀的案件都顯示出，雖然做為引言或是比喻時仍舊會提到宛如野獸或是嬰兒孩童之類的比喻，然而，比較概念化的判斷標準，也就是是非對錯準則，已經成為傳統量刑所依賴的原則。這也是後來各個案件必須面對的挑戰。

特魯里街皇家歌劇院槍殺案與妄想準則

1800年五月十五日，在特魯里街皇家歌劇院（The

Theatre Royal, Drury Lane），詹姆士‧海特菲爾德（James Hadfield）對著皇家包廂裡的國王喬治三世開槍射擊。然而槍彈並未擊中國王，海特菲爾德被以叛國罪名起訴。[23]

海特菲爾德站在聽眾席上舉槍射擊，彈丸從國王頭上約一英尺（三十公分）的高度越過，並未擊中任何人。然後有人將射擊者手上的手槍打落，數人隨即將他逮捕送出劇院。[24]

海特菲爾德是英法戰爭的士兵，1794年他受重傷，被同袍棄置在戰場上等死。辯護律師湯瑪士‧

> **妄想準則**
> **（delusional test）**
>
> 十九世紀不列顛大法官厄斯金（Thomas Erskine）在擔任辯護律師時所提出，認為精神異常的檢定準則，不應該限定在思考能力或只是察覺對與錯，而是「妄想」存在的有無。被告若持續存在著無法抗拒或無法壓制的妄想，並據此犯行，便可因此判定精神異常而無罪。

厄斯金（Thomas Erskine，後來擔任大不列顛大法官〔Lord Chancellor〕）聲稱，海特菲爾德被兩把劍刺穿頭顱，另外兩把劍幾乎將頭與軀幹分開，但是海特菲爾德的頭顱在胸前搖晃之下，仍然英勇作戰，只是手傷見骨，刺刀穿過身體，同伴只好將他拋棄於戰場上等死，後來卻奇蹟似地存活。審判過程中，陪審員還親自檢視被告可悲的傷痕。

海特菲爾德復元後開始出現精神異常。他相信自己是喬治

國王，會在醫院裡照著鏡子，敲打自己的臉和頭，尋找黃金的王冠。之後數年他常會陷入無法控制的暴怒中，家人只好把他關在房裡，或是約束在床上。後來他的妄想起了變化，他會宣稱自己和上帝或基督說話，或認為自己是上帝或基督。在犯行之前，他認為人類將遭遇災難，唯一可以改變此命運的方式是讓他自己殉難。他不想自殺，因為這會成為宗教上的罪（sin）。他當然也不願意傷害自己敬愛的國王，不過叛國罪會讓他被處以極刑，所以，他做出假裝殺害皇室成員的行為，如此將會導致自己的毀滅，讓世人得救。[25]

總檢察長認為，海特菲爾德並非完全失去理性，而行刺國王是需有相當智慮的行動。他指出，海特菲爾德「運用自己的理解力，以達成這次行動」，例如選擇可清楚看見皇家包廂的座位，站在位子上以便在其他觀眾上頭，瞄準，開槍。[26]

這樣的辯方意見，在往後關於精神異常的審判中，不可避免地一再呈現。學者梅德認為，以總檢察長這種觀點，**執行一種行為的事實本身，就是一個人應負責任的證明**，那麼，因精神異常而無罪，只有在一個人一開始就無法達成其行為時，才可能成立。[27]

辯護律師厄斯金十分清楚，海特菲爾德的行為沒有辦法適用於是非對錯準則。因為被告海特菲爾德計畫了這次的行動，也知道自己行為的後果。[28]

辯護律師厄斯金也知道，寇克與赫爾觀念中所謂完全失去記憶者，也不適用在這個案件上。

就現今精神醫學的觀念來說，厄斯金對於精神異常的概念

與理解，是相當合乎臨床的觀察所得。

　　厄斯金認為實際上，精神異常者，鮮少完全精神錯亂到不知道自己的名字、自己的家人，而且如果真有如此之人，這樣的人也很難犯下罪行。

　　他以極具詩人秉賦的洞察說道：[29]

　　　不同於完全癡愚者，理性並沒有遭到驅離，但是滋擾卻進駐在理性之旁，竄動不休、凌駕其上，使理性無所適從、無法節制。

　　他同時指出，檢察總長所認為的精神異常，只有：[30]

　　　因此，這些不幸的病人，除了極短暫的時間之外，無法意識到外在事物，或者，至少是完全無法理解外在事物之間的關係。這樣的人，也只有這樣的人，除了癡愚者外，依據總檢察長所表達的意思，才是完完全全地缺乏理解力。但是，這樣的案例不只極為稀少，也從來不可能是司法難題的對象。對他們的狀況，判斷只有一種。

　　厄斯金認為精神異常的檢定準則，不應該限定在思考能力或只是察覺對與錯，而應該是「妄想」存在的有無。一個人或許可以完美地表達道德與法律上的純正，但是無法正確地將這些標準運用在自己的行為上，因為他對於事物的感受有著根本

的錯誤。他說：[31]

> 當論及一般性的概念時，這樣的人往往可以擁有清
> 明的理性：他們的結論是公正的，而且相當深入，但是
> 形成結論的前提，**如果在瘋狂所涉及的範圍內，就是完
> 全錯誤**：並不是因為知識與判斷缺損所造成的錯，而是
> 由於妄想的意念，所謂真實的精神異常所伴隨而生的部
> 分，逼迫著被壓制的理解力所致。因為無法意識到，所
> 以無法抵抗。

陪審團判定他精神異常而無罪。[32]海特菲爾德被移送到貝斯萊姆醫院（Bethlem Royal Hospital），終老於該院（之後類似個案都面臨無期限的監禁）。[33]厄斯金似乎成功地建立了所謂「妄想準則」（delusional test），即被告若持續存在著無法抗拒或無法壓制的妄想，便可以因此精神異常而無罪。

貝林罕的絞刑台：妄想準則的否定？

英國商人約翰·貝林罕（John Bellingham）因為經商不順，決定到俄羅斯尋找機會，結果1805年因債務問題而入獄。他向英國駐俄大使求助，認為自己遭到誣告，官方經過草率調查後答覆他，英國無法介入俄國國內事務。他在獄中五年，回到英國後決定求償。他認為除了個人與財物的損失之外，自己的遭遇也是俄國對英國人民的侮辱；而且，英國政府也應該對駐俄國大使輕忽的態度，對他所遭受的痛苦負起責任。

在案發前六個月，貝林罕向他能想到的政府官員與機關提出陳請，但是沒有任何人認為他的要求有理。

他最終認為刺殺是究極解決之道。1812年五月十一日，他守候在下議院的大廳，當首相史賓賽·柏西法（Spencer Perceval）進入時，開槍射殺。

審判於1812年五月十五日開始，當天結束。他平靜地步入法庭，如同他一週後平靜地走上絞刑台。律師抱怨只有兩天可以準備，而且無法聯絡到證人，要求延後審判。

總檢察長認為律師在博取同情；書面證詞立論薄弱，而且會造成法庭誤解。[34] 法官也採信檢察官說法，拒絕延期。

總檢察長描述貝林罕的計畫：他在大衣內縫製特殊口袋，以便藏匿手槍；他如何確定首相通常到達的時間；他如何埋伏在大廳。意圖相當清楚。總檢察長也說明，貝林罕總是自己經營生意。如果當天他沒有犯下罪行，而是簽了一份契約，沒有法院會認為這份契約是無效的。沒有人想要陷他入罪。

總檢察長說：[35]

> 事實上，我們是要達成這樣的結論，一位囚犯之所以被目為瘋狂，（只是）因為他做了一件瘋狂的事？倘若如此，各位紳士，這件窮凶惡極且異常邪惡的行為本身，就足以構成自己抗辯的條件；只要我們的行為夠大膽，比一般的惡行更為誇大殘暴，我們就可以隨自己高興來反抗國家的公平正義。

貝林罕請法庭容許自己發言。他感謝律師熱切而良善的努力，更感謝總檢察長拒絕被告的精神異常抗辯。他表明自己並不期望被認為是精神異常，因為如此一來，會減損他聲稱政府造成損害此一控訴的正當性。他對首相的下場感到遺憾，但是不認為個人應該為此負責。是整體情境讓死亡無可避免，而自己只是無法解釋的事件裡的一項工具。然後被告花了一個鐘頭說明自己在俄國的被害經驗，以及他如何以這種不尋常的方式來完成自己的主張。[36]

法官曼斯菲爾德（Mansfield）說道：[37]

> 沒有任何傷害，無論該傷害有多嚴重，容許讓任何人自己執行法律、剝奪一個人的生命。精神異常的辯護也不適用在這種情形上，除非可以證明這位囚犯在犯行當時心智相當錯亂，以至於無法判斷是與非。

陪審團判決有罪。

三天後，貝林罕愉悅地站上絞刑台，在詢問是否有什麼最後遺言時，他開始說道俄羅斯的事情，接著被打斷後處死。[38]

貝林罕的案件讓原本海特菲爾德案件似乎確立的妄想準則是否可以再度成立，而妄想是否可認為係精神異常而無罪，又再度面臨考驗。

行刺女王：妄想準則以及不可抗拒之疾病衝動

1840年六月十日，維多利亞女王與夫婿艾伯特王子駕車出

巡，一位男子愛德華・奧斯福（Edward Oxford）在路旁向他
們敬禮，然後取出一對手槍，兩次擊發，都沒擊中。旁人立刻
捉住一位男子，但是似乎弄錯對象，反而是奧斯福自己站出來
說，是我，我做的，我投降。

　　搜索他的公寓時，警察發現了一個名為「青年英格蘭」
（Young England）的革命團體，以及組織成員間的通信。文
件裡面詳列其組織的服儀規定、彈藥庫、假名與偽裝，但是不
知道團體的目的何在。後來發現，這些文章都是奧斯福一人所
寫，這個團體只存在於他的腦袋中。

　　奧斯福以「企圖行刺女王」被控叛國。

　　檢察總長向陪審員說，智力薄弱、怪異或暴力傾向，並不
足以構成精神異常的判決。[39]

　　辯方請五位醫師蒞庭作證。一位是驗屍官，另有幾位專精
精神疾病，都作證指出他精神不正常。[40]

　　丹曼（Lord Denman）大法官告訴陪審員[41]，應考慮：[42]

　　　　如果一個人被內在某種疾病所控制，而此種疾病是
　　其行為的真實動力，他無法抗拒，那被告不須對其行為
　　負責。[43]問題在於，證據是否足以支持一個人因為心智
　　疾病而確實無法辨別是與非，抑或是，這位犯人在精神
　　異常的影響之下，讓你足以認定他確實無法意識到他自
　　己所做行為的本性、性質以及行為的後果，或者，換言
　　之，他在生病的心智狀態影響下，確實無法意識到他自
　　己所做的，是一件犯罪行為。

陪審團判定他因精神異常而無罪，但是不確定他是否涉案。[44]奧斯福也是送到貝斯萊姆醫院，直到他獲釋，離開英國到澳洲墨爾本生活。[45]

奧斯福與海特菲爾德最大的差別在於，海特菲爾德的妄想認為自己造成世界毀滅，因此必須自行了斷以解救世人，但是基於宗教理由自殺不可行，因此，弒君成為惟一讓自己受絞刑以拯救世人的方法。在審判中，陪審團似乎也可以領悟到，海特菲爾德並沒有將手槍瞄準國王，而是一心讓自己受到極刑處分；另一方面，海特菲爾德是有功於國家的戰士（特別是讓陪審團檢視被告傷疤的一刻，深入人心）。最重要的貢獻之一，是辯護律師厄斯金本人，一般公認他扮演了十分稱職又感性的代言人。就妄想準則而言，海特菲爾德是出於不得不如此，毫無退路（就出於自我防衛或不得不如此這一點，對後來所謂的妄想準則，或是局部妄想是否可以無罪的認定，是相當重要且具有關鍵的地位）。

相對來說，奧斯福似乎全然是出於妄想，但是這個妄想是否真的無法抗拒？他在其他方面似乎沒有明顯異常，這樣又是否可以豁免其刑事責任？

世紀之審：丹尼爾・馬克諾頓案[46]

案件經過

1843年一月二十日，查靈閣（Charing Cross）路口附近，托利黨[47]內閣首相羅伯・庇爾（Robert Peel）爵士的私

人祕書愛德華‧壯蒙（Edward Drummond），在從私人銀行回家（他與首相同住於唐寧街十號的官邸）途中，遭人尾隨跟蹤。這人隨後從大衣內左胸前掏出手槍，近距離直射壯蒙背部。當兇手平靜地將手槍收回大衣裡，準備拿出另一支手槍時，一位警員近距離上前抓住兇手手背擊倒於地，將他制伏。[48]在前往警局的途中，他喃喃自語地說，「不要再來干擾我的心靈平靜了」。在他身上搜出剩餘的子彈、一些錢和雜物，還有紙條寫著地址與姓名「丹尼爾‧馬克諾頓」（Daniel McNaughton）。[49][50]

壯蒙於槍擊後五天死亡，而審判於三月三日倫敦老貝利（The Old Bailey）中央刑事法庭開始。

審判過程

審判由著名的自由派法官尼可拉斯‧康寧漢‧廷鐸（Nicholas Conyngham Tindal）主審，還有兩位陪審法官。原本審判應該在案發後數天就開始，但是辯護律師亞歷山大‧克本（Alexander Cockburn）主張為了瞭解被告的精神狀態，必須傳訊蘇格蘭以及法國的人證而提出延期，因此直到三月初才正式開庭。[51]

辯方一開始就提出精神異常抗辯。

檢方開頭對陪審團的陳述相當具有代表性——或許在過去與現在都是如此。總檢察長威廉‧魏伯‧佛列特（William Webb Follett）爵士說道：[52]

　　　　無論何時，這類辯護都是件相當困難的事：一方
　　面，每個人都應當很擔心，無意識的人不應該再受苦；
　　另一方面，基於公眾安全的要求，這樣的抗辯不應該輕
　　易地接受……整個問題關鍵在於：你是否相信，這位囚
　　犯犯下罪行時是個無法負責的人；你是否相信，當他以
　　手槍射擊時，他無法分辨是非；你是否相信，他犯下罪
　　行時是在某種心智疾病的影響與控制之下以至於無法意
　　識到自己的行為；你是否相信，他並不知道自己違反了
　　上帝與人類世界的律法；如果是這樣，無庸置疑，你有
　　權裁斷他無罪。但是，我的責任是……告訴你，若非如
　　此，根據英國法律，他沒有任何辯解的理由。

　　檢方提出證據說明，馬克諾頓是預謀的行為，但是他卻把
首相和私人祕書弄混了──因為，兩個人外貌有點相似，而且
祕書也住在官邸裡，也常常使用首相的馬車外出。他花了兩週
左右的時間在首相官邸前的白廳（Whitehall）路上遊蕩，以熟
悉路線。如果有人詢問，他會說自己在等人。證人也指出，他
拔槍與擊發的動作迅速。這聽起來都是預謀和冷靜的計畫。不
過，檢察官沒有提到，馬克諾頓顯然沒有想要逃跑的意思，同
時近在咫尺就有個警員。[53]
　　依慣例還有一般民眾或旁人的證詞，還有盤查過被告、當
場拘捕以及審訊被告的警員。女房東和其他人都作證，認為馬
克諾頓平時看起來不像精神異常的樣子。[54]
　　馬克諾頓來自蘇格蘭格拉斯哥，是一位木匠的私生子。[55]

他原本受僱於自己的父親，之後自己經營一間小木工坊。曾經
和他一同租屋的人說，馬克諾頓有時半夜會起來自言自語，但
是內容讓人無法理解。後來他自己一人住在工作室裡。在審判
前五到六年，他開始認為有人要害自己，使得自己常常頭痛。
有時他認為害他的人是警察，有時則是羅馬教廷的人。而英國
確實也是在這段時間內，逐漸建立起都會地區的警察制度。他
一個人的時候，警察會尾隨他，也會朝他的臉丟稻草，但是有
旁人出現時，警察就消失無蹤。他曾求助於父親、蘇格蘭地區
的警察以及蘇格蘭爵士，但是都沒有得到回應。他逃去法國
北部濱海城市布洛涅（Boulogne），卻發現警察也跟過來，只
好又回到格拉斯哥。他開始認為這是托利黨人要報復自己沒有
投票支持他們的行動（當時選舉制度也確實沒有祕密投票的規
定）。

案發前一年他前往倫敦，1892年夏天他還和一位倫敦人討
論生意經營的事情。案發前，1893年一月，由於他常常徘徊在
首相官邸附近，還曾經被警察盤問過。

審訊第一天在檢方提出證人，經過辯方詰問後結束。

第二天，三月四日，星期六，開始由辯方提出人證與答
辯，並接受檢方詰問。

辯護律師克本指出，馬克諾頓在波爾街（Bow Street）受
訊時陳述：[56]

在我原本住的城市裡的托利黨人迫使我不得不這麼
做。無論我去哪裡，他們都跟蹤我、迫害我，已經完全

摧毀了我心靈原有的平和。他們跟蹤我去法國，跟蹤我
去蘇格蘭，跟蹤我到英格蘭各地；事實上，我到哪裡，
他們就跟到哪裡……他們控訴我犯了我不該擔負罪責的
罪行，實際上他們想要謀殺我。證據可以證明這些，我
要說的全部就是這些。

克本在不厭其煩地引述之前的判決以及各種權威人士（從
法律學者赫爾到美國醫師艾薩克‧雷〔Issac Ray〕的近期著
作，一直到海特菲爾德案件、厄斯金爵士的辯護等等）的意見
後，做出這樣的結論，藉以引導出之後的人證與專家證詞：[57]

　　藉由這些權威人士的證詞，我相信我已經向你們充
分證明，局部精神異常可以是如此，它會造成道德感與
情緒的部分或是完全變異，之後造成這位可憐的病患無
法抗拒其妄想，使他犯下道德上無法負責的罪行。

學者沃克認為，克本的說法，是在表面上主張欠缺區辨是
非對錯能力的掩護之下偷渡新的法律概念：**道德感與情緒的變
異**，[58]並且藉以做為精神異常的證據。

簡單說，所謂局部精神異常（partial insanity）就是不屬於
極度混亂的精神狀態，通常還保留著部分的認識與辨別能力，
或者是說在妄想所涉及的部分之外，至少在表面看來，病患還
沒有明顯異常的現象。其實，這也是多數嚴重精神疾病患者的
樣態。克本知道，相對於之前海特菲爾德所呈現的，是一般人

就可以看得出來的精神混亂狀態；但是，對多數人而言，馬克諾頓顯得正常許多。與奧斯福案例類似的是，馬克諾頓也是有著妄想，和無法抗拒的妄想或疾病衝動。但同樣是基於妄想，奧斯福案例雖然抗辯成功，貝林罕案卻無法因精神異常而無罪。這些林林總總的因素，都對於克本是否能為馬克諾頓辯護成功形成挑戰。

首先兩位診察過馬克諾頓的專業人士分別出庭，一位是著名貝斯萊姆醫院的主責醫師孟羅（Monro）[59]，以及莫里森（Alexander Morison）。還有兩位未曾診察過馬克諾頓，只是庭訊期間在一旁觀察的醫師溫斯洛（Forbes Winslow）與菲利普斯（Philips）。

四位醫師的意見都指出，被告有著明顯的妄想，無法抵抗他的妄想或疾病所帶來的想法或衝動。

在辯方提出四位醫師作證並且經過詰問後，檢察官陳述自己的意見，廷鐸法官詢問檢察官是否呈現另一方的醫學意見時，檢察官認為不用了。法官似乎認為證據都傾向一方，甚至指出兩位在旁觀察立場中立的醫師，更是強而有力的證詞。[60]

接著法官向陪審團總結自己的看法，並且提出建議判斷的要點供陪審團參考。然後，法官詢問陪審團是否還需要更多證據？陪審團表示不需要。

然後，廷鐸法官說：

> 如果你們認為犯人無罪，因為精神異常，他會被帶去得以獲得適當照顧的地方。

陪審團隨即達成因精神異常而無罪的判定。[61]

被告數天後被送往貝斯萊姆醫院。[62]

輿論的反應也很典型。《泰晤士報》相當尖酸嘲諷地報導了這件判決，民眾也投書寫打油詩嘲諷。[63]英國女王維多利亞與首相庇爾都認為這項判決不可置信，貴族院與下議院皆議論紛紛[64]，甚至提出法律修正的請求，但是，修法並沒得到很多支持。由於當時的貴族院仍具有司法案件最終的審查權力，因此，貴族院成員也對於本案表達各種不同意見，有支持，也有反對的。

最後，貴族院多數認為無須修改法律，而是對於本案提出一些有待釐清的問題，請案件的主審法官召集多位法官商議，然後提出回答；這樣讓審判的法官有機會進一步說明，也避免一罪二審（double jeopardy）的爭議。

貴族院的五個提問：歷史性的馬克諾頓判決

於是在審判之後，1843年六月十九日，十二位法官針對貴族院於五月二十六日提出的五個問題，由該案主審大法官領銜回答，其中除一位法官先提出自己的看法外，其他十一位法官，包括主審法官都意見一致。

這就是史稱**馬克諾頓判決**或**法則**（McNaughten rule）之由來。

所以馬克諾頓判決其實並不是真的在審判當時的「判決」。它是法官事後因應貴族院質疑時提出來的解釋與觀點。同時，也在爾後被引用時，被當成一種「法則」（rule）或是

「準則」（criteria）。

換言之，馬克諾頓判決或法則，其實既不完全是案件本身的判決，也不是當時審判所依據的法則。

而五個問題中，第二問與第三問最直接觸及精神異常之判準，第四問涉及所謂「局部精神異常」（partial insanity）的問題。

> ## 關於馬克諾頓判決（McNaughten rule）
> 實際上並不是審判當時的「判決」，而是法官事後因應貴族院質疑時提出來的解釋與觀點。在爾後為人引用時，被當成一種「法則」（rule）或「準則」（criteria）。

問題二，如果某人被指控犯罪，而主張此係針對某種特殊問題或人物的異常妄想所困，提出精神異常抗辯，應向陪審團提出哪些問題，方為適當？

問題三，關於被告犯罪當時的心智狀態，應以何種詞句向陪審團提出？[65]

主審大法官率先回答兩個問題（黑體字是最常被引用的段落）：

　　這兩個問題，我們一齊回答較為適宜。在每個案子中，我們都應先告知陪審團成員，每個人基本上都先假定是精神正常的，並且具有足夠程度之理智為其犯罪行為負責，除非與此假定相反的狀況能夠獲得令陪審團滿

意的證明，而將此一假定推翻。被告唯有能清楚地證明其在犯行當時，係因精神疾病（disease of the mind）導致理性缺損（defect of reason），以至於無法知曉（know）其行為之本性與特質（nature and quality of the act）；或者，其縱使知曉行為之本性與特質，亦不知曉此行為係屬錯誤（wrong）。向陪審團提出被告是否知曉此行為係屬錯誤之問題的方式，通常是：被告行為當時，是否可以區辨對與錯。雖然少見，但我們設想，如果沒有明確地告訴陪審團，或僅抽象地描述，被告被控訴行為所涉及的對與錯的認識，如此將會讓陪審團發生錯誤。如果被告自己的認識，只是單純完全針對當時法律的認識，這樣可能誤導審團認為，被告對於法律的認識與否，就足以定罪。由於法律的原則是，任何人都被視為知曉法律，無須任何證明。如果被告意識到其行為係屬不應為之，而該項行為同時違反當時法律，他就該受到處罰。因此，通常的程序是，讓陪審團決定，被告是否具有足夠程度的理性知曉他所做行為是錯誤的。此種依照特殊個案所需而為的觀察以及解釋的程序，我們認為是正確的。

第四個問題，其實也涉及妄想。提問內容是：如果一個人，在異常妄想影響之下，將妄想當成現實，因而犯下罪行，他們是否可以免除刑責？[66]

要回答這個問題，必須依妄想的特質為何而定：但是，我們先前已有這樣的假設，就是，如果他只有受到部分妄想的影響，在其他層面並無精神異常，我們必須設想，他在其妄想如果為真的情形之下，他是否應負責任。舉例而言，如果在妄想的影響之下，他認為另一個人企圖奪走他的生命，他殺了這個人，這是出於自衛，他可以免受處罰。如果他是認為，這位死者造成他人格與財富的重大損害，他殺害對方以為報復，那他應該受到處罰。[67]

對於所謂局部妄想（partial delusion），或者是局部精神異常（partial insanity），精神科醫師反對的理由在於，廷鐸法官的觀念假設有妄想的病人，可以在如此侷限之處受到影響而已，而其他部分，如現實的自我覺察以及自我控制部分則完好無缺。而這樣的看法，普遍影響法律人或法官的見解。[68]依從這樣的見解，將使得極度充滿妄想的病人，因為在妄想未及的部分，由於表面上看似良好，而不被認為得以豁免刑罰。

就實際臨床個案來說，其實只有少數的妄想症病患，可能在妄想所及的部分確實受到影響，而對於其他事務，則是可以提出合理的辨別與判斷。但是，對於妄想所涉及的部分，不僅僅只是辨別與判斷受到影響，患者也常常無法克制其妄想所帶來的衝動。

比如精神分裂症的病患，可能有妄想症狀，但是，他的認知與判斷，在其他妄想未涉及的領域，也可能受損；同樣地，

他的衝動控制與行為控制，就算未受到妄想症狀影響，也可能有明顯的障礙。但是這樣的病患，即使在精神疾病的急性期，對於法律上所認為的是非對錯，也未必會受損，但是，他們卻無法依循自己的是非判斷來行為。

又如躁症病患，他對於法律上抽象認識的對錯與否，可能還是可以正確辨別，但是對於行為的後果，則可能有不合現實的想像，或是衝動與行為控制能力根本就付之闕如。

最基本的問題在於，只憑藉認知準則（cognitive test）的馬克諾頓法則，通常在相當嚴重的精神疾病患者身上不適用。嚴重精神疾病患者，通常是對於事物或自己行為之事涉及的性質或本性，脫離常軌而不同於一般人，但是，如果僅就法律上所稱之是非對錯，多半都還可以辨別。

就事論事，以擺在眼前的案例來看，海特菲爾德因妄想而無罪，奧斯福因妄想而無罪，貝林罕則判處絞刑。馬克諾頓法則，可以區辨這三個案例嗎？

海特菲爾德案的辯護律師厄斯金對於本案的批評就直接點出，馬克諾頓知道自己在做什麼，而是無法阻止自己依妄想去做。所以，對於這個判決或法則，連馬克諾頓自己都不符合。[69]

事實上，馬克諾頓獲判「因精神異常而無罪」（not guilty on the ground of insanity），是因為法官、檢察官、辯護律師與陪審團，都接受他無法抗拒自己的妄想或疾病所帶來的想法或衝動。

有趣的是，這些爭議與疑問在貴族院答詢當天都沒有發生。

　　當貴族院聆聽完廷鐸大法官領銜提出的意見後，並沒有人對於本案是否適用馬克諾頓法則提出意見，倒是獲得了好些贊成與支持的評論。一天辛苦議事後，貴族院成員與法官們在互相贊許與祝賀聲中結束了本案。[70]

註釋

1　Insanity，筆者譯為「精神異常」。許多學者譯為「心神喪失」，如此的翻譯是考量到，我國舊刑法第19條明載，「心神喪失者，不罰」，與英美法中所謂的因insanity而無罪的概念相互呼應。然而，我國2005年刑法修正後，關於責任能力部分，已無「心神喪失」或「精神耗弱」之法律名詞；再者，誠然英美法對於責任能力之判定，多數僅止於因精神或心智問題而無罪（無責任）之有無，並無其他國家因精神或心智問題，而減輕其刑度之設計（減輕責任），然而國際間討論insanity一詞語所涵蓋之法律狀態，多半也包括刑法裡，因精神或心智問題而無罪或因精神或心智問題而減輕其刑之兩類情形，因此，將之譯為「精神異常」，用以包含無罪或減責之抗辯理由。另英美法中，還有所謂「局部精神異常」（partial insanity）的討論，如果這時翻譯是使用「局部心神喪失」一詞，個人認為可能造成概念或語義更為混淆，故取前譯。

　　此外，insanity其實在十九世紀以前，等同於精神疾病之同義字，用「精神異常」一詞，也可區隔其他現行或者是尚在流通的醫學用語。

2　Thomas Maeder: *Crime and Madness: the Origins and Evolution of the Insanity Defense.* New York, Harper & Row, 1985, p 38.

3　Richard J Bonnie, John C Jeffries Jr. & Peter W Low: *A Case Study in the Insanity Defense: the Trial of John W Hinckley Jr.* New York, Foundation Press, 2008, p 4.

4　Nigel Walker: *Crime and Insanity in England. Volume one: the Historical Perspective.* Edinburg: Edinburg University Press, 1968, p 26. 原文為：「...for a crime is not committed unless the will to harm be present. Misdeeds are distinguished both by will and by intention [and theft is not committed without the thought of thieving]. And then there is what can be said about the child and madman, for the one is protected by his innocence of design, the other by the misfortune of his deed. In misdeeds we look to the will and not the outcome....」

5　Ibid., p 27.

6　Ibid., p 28.

7　Ibid., p 36.

8　Matthew Hale經典著作，《英國法庭答辯的歷史》（*History of the Pleas of the Crown*），一書可以在網路上找到全文影像下載，https://archive.org/details/historiaplacito00wilsgoog。此外，可以取得重印本。原書第29頁原文：「Ideocy, or *fatuity a nativitate vel dementia naturalis*; such a one is described by *Fitzherbert*, who knows not to tell 20*s.* nor knows who is his father or mother, nor knows his own age; but if he knows letters, or can read by the instruction of another, then he is no ideot.」

9　原書第30頁原文：「Again, a total alienation of the mind or perfect madness; this excuseth from the guilty of felony and treason (*d*); *de quibus infra*. This is that, which in my lord *Coke*'s *Pleas of the Crown*, p 6. is call'd by him absolute madness, and total deprivation of memory.」

10　*Crime and Insanity in England*. Volume one, p 37-38.

11　Ibid., p 39. 原文為：

「In criminal cases, as felony &c., the act of a madman shall not be imputed to him, for that in these cases *actus non facit reum nisi mens sit rea*, and he is *amens* (id est) *sine mente*, without his mind or discretion; and *furious solo furore punitur*, a madman is only punished by his madness. And so it is of an infant until he be of age of 14, which in law is accounted the age discretion.」

斜體部分為拉丁文，翻譯為英文是：依序為「does not make a person guilty unless the mind be guilty of an act」，「crazy (that is) without a mind」，以及「furious anger alone punished」。

12　Ibid., p 40-41.

13　*Crime and Madness*, p 9.

14　*Crime and Insanity in England*. Volume one, p 52.

15　*Crime and Madness*, p 9-10.

16　Ibid., p 10.

17　*Crime and Insanity in England. Volume one* p 38. 原文為：「[S]ome people that have a competent use of reason in respect of some subjects, are yet under a particular dementia in respect of some particular discourses.... [T]his partial insanity seems not to excuse... The best measure that I can think of is this: such person as, laboring under melancholy distempers, hath yet ordinarily as great understanding as ordinarily a child of fourteen years hath, is such a person as may be guilty of treason or felony.」

18　Ibid., p 56. 原文為：「If he was under the visitation of God, and could not distinguish between good and evil, and did not know what he did, though he committed the greatest offence yet he could not be guilty of any offence against any law whatsoever: for quilt arises from the mind, and the wicked will and intention of the man.... [I]t is not every frantic and idle humour of a man that will exempt him form justice...it must be a man that is totally deprived of his understanding and memory, and doth not know what he is doing, no more than an infant, than a brute or wild beast, such a one is never the object of punishment; therefore, I must leave it to your consideration, whether the condition this man was in, as it represented to you on one side or the other, doth shew a man, who knew what he was doing, and was able to distinguish whether he was doing good or evil, and understood what he did....」

19　*Crime and Madness*, p 10.

20　Ibid., p 12.

21　Ibid., p 12. 以及 *Crime and Insanity in England. Volume one* p 63. 原文為：「My Lords... in some sense, every crime proceeds from insanity. All cruelty, all brutality, all revenge, all injustice, is insanity. There were philosophers, in ancient times, who held this opinion, as a strict maxim of their sect; and my lords, this opinion is right in philosophy, but dangerous in judicature.」

22　*Crime and Madness*, p 12. 原文為：「That one might be acquitted in the case of a total permanent want of reason or a total temporary want, but not otherwise. If there was a partial degree of insanity mingled with a degree of reason "sufficient to have restrained those design; a faculty to distinguish the nature of actions; to discern the difference between moral good and evil; then, upon the fact of the offense proved, the judgment of the law must take place."」

23　Ibid., p 12.

24　*Crime and Insanity in England. Volume one,* p 74.

25　*Crime and Madness*, p 15.

26　Ibid., p 12-13.

27　Ibid., p 13.

28　*Crime and Insanity in England. Volume one,* p 77.

29　*Crime and Madness*, p 13.原文為：

「Except in the total idiot. Reason is not driven from her seat, but distraction sits down upon it along with her, trembling, upon it, and frightens her from her propriety.」

30　引自Lord-Chancellor Erskine: *Speech in Defence of Hadfield, 1800.* 原文為：「Such unhappy patients are unconscious, therefore, except at short intervals, even of external objects, or at least are wholly incapable of understanding their relations. Such persons, and such persons alone (except idiots), are wholly deprived of their understandings, in the Attorney-General's sense of that expression. But these cases are not only extremely rare, but can never become the subjects of judicial difficulty. There can be but one judgment concerning them.」

31　*Crime and Madness*, p 13-14. 原文為：「Such persons often reason with a subtlety which puts in the shade the ordinary conceptions of mankind: their conclusions are just, and frequently profound; but the premises form which they reason, WHEN WITHIN THE RANGE OF THE MALADY, are uniformly false—not false from any defect of knowledge or judgment; but, because a delusive image, the inseparable companion of real insanity, is thrust upon the subjugated understanding, incapable of resistance, because unconscious of attack.」

32　Ibld. p 15.

33　審判後一個月，國王通過「精神異常犯罪者安全監護法」（Act for the Safe Custody of Insane Persons Charged with Offenses）。海特菲爾德被送到貝斯萊姆醫院。1802年謠傳他殺死其他受刑人，幾年後又傳說他逃出醫院，在肯特郡多佛被捕。1840年，總檢察長探視這位病人後表示，對於當天的話題，他可以相當理性地談論，但是，偶爾會陷入強烈妄想中，如果釋放他會相當不安全。1841年，六十九歲的海特菲爾德死於該醫院。見 *Crime and Madness*, p 16.

34　Ibld. p 17.

35　Ibid., p 18. 原文為：「Are we to conclude, in fact, the prisoner to be mad, [simply] because he has done an act of madness? If so, Gentlemen , this very atrocious and extraordinarily wicked act carries with it its own defence; and we may do what we please against the justice of the country, provided our conduct be sufficiently daring, and boast an atrocity beyond the wickedness of common life.」

36　Ibid., p 19.

37　Ibid., p 19. 原文為：「No circumstances of injury, however aggravated, could warrant any man for taking the law into his own hands, and taking away the life of an individual. Neither could the plea of insanity be of any avail in such a case, unless it could be proved that the prisoner, at the time he committed the act, was so far deranged in his mind, as not to be capable of judging between right and wrong.」

38　Ibid., p 19.

39　Ibid., p 19.

40　Ibid., p 21.

41　由於英美採用陪審團制度，陪審團是代表民眾的常識進行有罪無罪事實之判定（verdict），法官對於陪審團，做出有罪無罪判定前，會提供法律見解，以利陪審團決定，稱為陪審團指引（instruction for jury）。

42　*Crime and Madness*, p 21. 原文為：「If some controlling disease was, in truth, the acting power within him, which he could not resist, the defendant would not be responsible. The question is（前段文字，係上述文獻未提及的部分，則來自前述David Oscar Williams Jr一文）whether the evidence given proves a disease in the mind as of a person quite incapable of distinguishing right from wrong...whether the prisoner was labouring under the species of insanity which satisfies you that he was quite unaware of the nature, character, and consequences of the act he was committing, or, in other words, whether he was under the influence of a diseased mind, and was really unconscious at the time he was committing the act, that it was a crime.」

43　「被某種疾病控制，而無法抗拒」，這一段文字被認為是不可抗拒之衝動法則的源始之一。

　　引用來源主要來自於David Oscar Williams Jr., *Insanity, Criminal Responsibility and Durham*. William and Mary Review of Virginia Law 1955, 103: 2. 我無法取得其前述文獻原稿，但可以在網路搜尋http://scholarship.law.wm.edu/wmrval/vol2/iss2/5並下載。吳景芳教授也曾引用，見《刑法學研究》（第一冊），頁53。此外，*Crime and Madness*也引用這段來解釋不可抗拒之衝動法則，見該書48頁第2段。

44　*Crime and Madness*, p 21.

45　奧斯福被送到貝斯萊姆醫院。十四年後，他的醫療紀錄說，他行為總是彬彬有禮，完全合作，空閒時間用於有意義的閱讀與研究。事實上他學會法文、德文、義大利文、西班牙文、拉丁文與希臘文，並且開始學小提琴。他只要努力，表現就十分傑出，如編織與房屋粉刷，也是療養院的西洋棋與英式跳棋冠軍。1864年他被送至新開的布洛德莫犯罪精神療養院（Broadmoor Criminal Lunatic Asylum）。1867年內政部長釋放他，條件是

離開英國永不返回。他就去了墨爾本。見*Crime and Madness*, p 22.

46　倫敦中央刑事法庭當時位於老貝利街上，因此也常常稱為「The Old Bailey」，而法庭歷年來完整的審判過程可以在http://www.oldbaileyonline.org 找到全文。關於這件著名審判，則可以參考完整重印本，The Queen v. Daniel McNaughton, 1843 State Trial Report. In *Daniel McNaughton: His Trial and the Aftermath*. Edited by Donald J West & Alexander Walk. London: Gaskell Books, 1977, p 12-73.

47　托利黨人（Tories），英國十七世紀至十九世紀期間的政黨。1678年，工商資產階級為主的輝格黨（Whig）提出王位排除法令，試圖剝奪詹姆斯二世的繼位權。反對的保守人士在此時獲得「托利黨」稱呼。此後，該黨經過許多轉變與重組，逐漸成為目前保守黨的前身。當今保守黨有時仍被稱為托利黨。

48　*Crime and Madness*, p 23.

49　Ibid., p 23-4.

50　關於這位著名的個案到底姓氏McNaughton怎麼寫才正確，至今還是歷史懸案。參見*Crime and Madness*, p 24的註解。深入理解可以參考Richard Morgan: *Knowing Right from Wrong: the Insanity Defense of Daniel McNaughton*. New York: The Free Press, 1981. 其中專門討論其姓名的一小章（xi-xiii頁）：The Spelling of Daniel McNaughtan's Name. 在*Daniel McNaughton: His Trial and the Aftermath*中，也收錄一篇由伯納德·戴蒙（Bernard L Diamond）所寫的'On the Spelling of Daniel M'Naughten's Name.'
其實，就所引用文獻就可以看到，個別作者使用的拼字就有差異。在本文，除非依照所參考文獻原文，否則統一使用「McNaughton」。

51　*Crime and Insanity in England. Volume one*, p 92.

52　*Crime and Madness*, p 25. 原文為：「This defense is a difficult one at all time; for while, on the other hand, everyone must anxious that an unconscious being should not suffer, in the other hand, the public safety requires that this defense should not be too readily listened to.... The whole question will turn upon this: if you believe the prisoner at the bar at the time he committed this act was not a responsible agent; if you believe that when he fired the pistol he was incapable of distinguishing between right and wrong; of you believe that he was under the influence and control of some disease of the mind which prevented him from being conscious that he was committing a crime; if you believe that he did not know he was violating the law both of God and man; then, undoubtedly, he is entitled to your acquittal. But it is my duty...to tell you that nothing short of that will excuse him upon the principle of English law.」

53　Ibid., p 25-6.

54　Ibid., p 26.

55　*Crime and Insanity in England. Volume one*, p 90-91.

56　'The Queen v. Daniel McNaughton, 1843' State Trial Report, p 53. 原文為：「The Tories in my native city have compelled me to do this. They follow and persecute me wherever I go, and have entirely destroyed my peace of mind. They followed me to France, into

Scotland and all over England; in fact they follow me wherever I go.... They have accused me of crimes of which I am not guilty; in fact they wish to murder me. It can be proved by evidence. That's all I have to say.」

57　*Crime and Insanity in England. Volume one,* p 94. 原文為：「I trust that I have satisfied you by these authorities that the disease of partial insanity can exit – that it can lead to a partial or total aberration of the moral senses and affections, which may render the wretched patient incapable of resisting the delusion, and lead him to commit crimes for which morally he cannot be held responsible.」

58　Ibid., p 94.

59　應該是愛德華‧湯馬士‧孟羅（Edward Thomas Monro, 1789-1856）。這家族的人長期擔任貝斯萊姆醫院負責醫師。

60　'The Queen v. Daniel McNaughton,' State Trial Report 1843, p 71.

61　Ibid., p 73.

62　*Crime and Insanity in England. Volume one,* p 94.

63　Thomas Maeder: *Crime and Madness,* p 30.

64　*Crime and Insanity in England.* Volume one, p 95.

65　'The House of Lords and the Judges' "Rules"', p 79. 中文翻譯部分，參考了吳景芳：〈英美法上精神異常認定標準之研究〉。收錄於吳景芳：《刑事法研究》（第一冊）。台北市，五南，1999，頁55至57。

問題原文為：「2nd.-What are the proper questions to submitted to the jury when a person, alleged to be afflicted with insane delusion respecting one or more particular subjects or persons, is charged with the commission of a crime (murder, for example), and the insanity is set up as a defence?

3rd.-In what terms ought the question to be left to the jury as to the prisoner's state of mind at the time when the act was committed?」

法官的回答原文為：「And as these two questions appear to us to be more conveniently answered together, we have to submit our opinion to be, that the jury ought to be told in all cases that every man is to be presumed to be sane, and to possess a sufficient degree of reason to be responsible for his crimes, until the contrary be proved to their satisfaction; and that to establish a defence on the ground of insanity, it must be clearly proved that, at the time of the committing of the act, the party accused was labouring under such a defect of reason, from disease of the mind, as not to know the nature and quality of the act he was doing; or, if he did know it, that he did not know he was doing what was wrong. The mode of putting the latter part of the question to the jury on these occasions had generally been, whether the accused at the time of doing the act knew the difference between right and wrong; which mode, though rarely, if ever, leading to any mistake with the jury, is not, as we conceive, so accurate when put generally, and in the abstract, as when put with reference to the party's knowledge of right and wrong in respect to the very act with which he is charged. If the question were to be put as to the knowledge of the accused, solely and exclusively with reference to the law of the land, it might tend to confound the jury, by inducing them to believe that an actual knowledge of the law of the land was essential in order to lead to a conviction; whereas the law is administered upon the principle that every one must be taken conclusively to know it, without proof that he does know it. If the accused was conscious that the act was one which he ought not to do, and if that act was at the same time contrary to the law of the land, he is punishable; and the usual course, therefore, has been, to leave the question to the jury, whether the party accused had a sufficient degree of reason to know that he was doing an act that was wrong; and this course we think is correct, accompanied with such observations and explanations as circumstances of each particular case may require.」

66 The House of Lords and the Judges' "Rules", p 74. 原文為：「If a person under an insane delusion as to existing facts, commits an offence in consequence thereof, is he thereby excused?」

回答原文為：「To which question the answer must of course depend on the nature of the delusion: but, making the same assumption as we did before, namely, that he labours under such partial delusion only, and is not in other respects insane, we think he must be considered in the same situation as to responsibility as if the facts with respect to which the delusion exists were real. For example, if under the influence of his delusion he supposes another man to be in the act of attempting to take away his life, and he kills that man, as he supposes, in self-defence, he would be exempt from punishment. If his delusion was that the deceased had inflicted a serious injury to his character and fortune, and he killed him in revenge for such supposed injury, he would be liable to punishment.」

67 Ibid., p 79-80.

68 *Crime and Insanity in England*. Vol1, p 91.

69 Lawrie Reznek: *Evil or Ill? Justifying the Insanity Defense*. London, Routledge, 1997, p 21.

70 *Crime and Insanity in England. Vol1*, p 91以及'The House of Lords and the Judges' "Rules"', p 80-81.

〔不可不知的重要人物〕

再生之旅：
從弒君者到正直良善的公民

重生的自由人

1868年二月七日，一名自稱約翰·佛利曼（John Freeman）的男子在墨爾本上岸，他自述四十三歲，應該比實際年齡小二歲，後來找到房屋粉刷的工作。墨爾本是個新興城市，從1851年的十萬人，到1868年當時已經有七十萬人。[1]

1881年三月十六日，他娶了小自己二十歲的珍·鮑恩（Jane Bowen）為妻（是這位女士的第三次婚姻），他自稱五十三歲，比實際年齡小五歲。他們在墨爾本近郊居住，後來逐漸搬到接近市區的地區。隨著事業的進展，身分地位也逐漸提高，佛利曼不再稱自己是粉刷工，而是紳士、作家。

1889年，澳洲舉行維多利亞女王七十壽誕的慶祝活動，佛利曼受邀參加總督的接待會。港口的船舶、公共建築以及公園裡，到處飄揚著英國國旗與象徵維多利亞女王的旗幟，佛利曼與其他政商名流、軍事、宗教各界代表等人，一同出席總督的

接待會。

　　1888年他出版了墨爾本第一本類似現代城市導覽和旅遊的書籍，《墨爾本生活光與影》（*Lights and Shadows of Melbourne Life*）。[2]書中盛讚墨爾本市的繁榮與忙碌，也描寫了下層居民的生活樣貌、貧困與失業、酒吧、旅舍、市場和街頭手推車攤販。由於接近一般人民生活，得到各界好評。他也在報紙寫一些短篇故事，擠身新聞工作者的行列。[3]

　　佛利曼將書寄給二十一年沒聯絡的老友英國人黑頓（Haydon），並寫道：

> 你是這世界上除了我自己，唯一可以把我和這本書連結
> 在一起的人⋯⋯就算是我的妻子⋯⋯也沒有比世界上其
> 他人更高明。

　　約翰・佛利曼這位新澳洲人，到底是誰呢？二十一年前，他在啟程前往澳洲的船上，寫給同樣的老友黑頓的信上寫著：[4]

> 昨晚，將近二十八年來，我第一次在自己身旁放著我房
> 門的鑰匙入睡，而不只是躺在床上。

　　他就是愛德華・奧斯福（Edward Oxford），史上第一位刺殺維多利亞女王的人，後來因精神異常而獲判無罪，在精神病院中留置近二十八年，直到被驅逐出英國，來到墨爾本。

「我殺了維多利亞」

1840年六月十日，維多利亞女王與夫婿艾伯特親王駕車，一位男子愛德華・奧斯福在路旁向兩人致敬，然後取出一對手槍擊發，兩次都沒擊中。旁人立刻捉住一位男子，但是似乎弄錯對象，反而是奧斯福自己站出來說，是我，我做的，我投降。[5][6]

群眾大喊，殺了他！殺了他！奧斯福冷靜說，你們不需要使用暴力，是我做的，我會安靜地跟你們走。警察將奧斯福帶到西敏寺分局訊問。場面相當混亂，警察只有蒐集到基本資料，沒有進行正式的訊問，但是房間裡來來去去很多人，從警局探長到皇室管理員、內政大臣代表、國會街駐派醫師，一群可以來了解事情的人，都陸續訊問過奧斯福，以便回報自己的上級。[7]

搜索他的公寓時，發現一個名為「青年英格蘭」（Young England）的革命團體之成員間通信。信中詳列其組織的服儀規定、彈藥庫、假名與偽裝，但是不知道團體的目的。後來發現，這些文章都是奧斯福一人所寫，這個團體只存在他的腦袋裡。[8]

審判原本預訂於六月二十三日開始，但是辯護律師要求找來其他人證，因此延遲到七月九日。

奧斯福於犯行前一個月買了一對手槍、火藥筒、並且以目標範圍練習試射。犯行前一週，他購買更多銅帽與子彈。

辯護律師提出奧斯福具有精神異常遺傳的證據，以及幾位

可以證明他行為異常的人證。[9]他的祖父精神異常，而後在瘋人院度過晚年，自認為自己是教宗或聖保祿。奧斯福母親說自己的前夫即犯人的生父，也是瘋的。奧斯福的生父有時候會燒掉銀行的單據，而且常常威脅著要自殺。在她懷小奧斯福時，他會猙獰地做鬼臉，像狒狒般跳躍，而且曾擊倒過她一次，造成頭部骨折。哺乳時，他還曾用一隻銼刀刺她的胸部。而奧斯福的弟弟是個白癡。奧斯福母親說，奧斯福自小就是個麻煩、令人不安的人物。有時會無法解釋地哭泣數回，或突然出現破壞行為，從憂愁轉換成歇斯底里地發笑，有時相當熱情，有時極端冷酷。他曾握拳擊打母親的鼻子，有次他跳上一位懷孕婦女的馬車大叫嚇人，結果被警察帶回家。他都不覺得自己這些行為是錯的。奧斯福曾經短暫受雇於「牧者與羊群」（Shepherd and Flock）酒吧，但是表現不佳。他常忽略自己的工作而呆坐著、哭泣或狂笑。一位警員問他在笑什麼？他回答說，一位老女人喝太多琴酒了，這讓每個人都覺得好笑。警員說，現在這裡可沒有老女人，他說，對，這兒沒有。有次顧客要黑啤酒，老闆要奧斯福裝瓶起來，奧斯福用漏斗堵住瓶口，然後將瓶子倒著放，結果啤酒漏滿整個籃子。

五位醫師蒞庭作證。一位是驗屍官，另有幾位專擅精神疾病，都作證指出他精神不正常。[10]著名的湯馬士・何杰金（Thomas Hodgkin）[11]認為他有「意志的缺損」（lesion of will），沒辦法控制自己的行為，當時著名的精神科醫師約翰・康諾里（John Connolly）則認為，從顱相外觀看來，他有腦部疾病。[12]

　　奧斯福被控叛國。陪審團判定他因精神異常而無罪，但是不確定他的槍枝是否真的裝有子彈。[13] 奧斯福被送到貝斯萊姆醫院，直到1867年獲釋。

等候女王發落[14]

　　貝斯萊姆醫院是倫敦市長久以來安置精神病患的醫院。1815年搬到新址之前，你可以付一便士，到醫院窺探病人的古怪行為（星期二免費），1814年當年，有九萬六千名訪客。[15]

　　奧斯福入住時有四百名病患，八十五名在精神異常犯罪者院區（criminal lunatic wing）。剛去的半年內，他和詹姆士‧海特菲爾德應該常常碰面。海特菲爾德在1800年因為在劇院內向國王開槍，於審判後一個月，因為剛通過的「精神異常犯罪者安全監護法」（Act for the safe Custody of Insane Persons Charged with Offenses）而被送到貝斯萊姆醫院。至於病人何時可以離開呢？法律規範是，需「等候女王發落」（At Her Majesty's Pleasure）[16] 的不定期住院，其實釋放時間多半是遙遙無期。

　　奧斯福在1840年七月十八日入住時，海特菲爾德已經住了四十年了。1841年一月二十三日，六十九歲的海特菲爾德死於該醫院。[17] [18] 直到1864年，貝斯萊姆醫院的精神異常犯罪者院區關閉，所有人移到布洛德莫這所精神異常犯罪者專屬醫院，海特菲爾德與奧斯福，見證了精神異常犯罪者院區的全程始末。

　　1852年，貝斯萊姆醫院開始有第一任負責醫師威廉・胡德（William Charles Hood）管理，還有一位助手喬治・黑頓（George Henry Haydon）。胡德相信當時人道取向的治療模式，認為社會心理治療方法可以改善病人狀況。[19]黑頓與奧斯福同年，是位相當開明的士紳，年輕時也是位探險家，曾經深入澳洲探險，也出版了好幾本關於澳洲風土民情與探險經歷的書籍。[20]

　　黑頓一直在這醫院服務了三十七年，直到1889年退休。黑頓很快留意到奧斯福，並且說奧斯福「相當正常，而且一直如此」，他成為奧斯福的導師與拯救者。[21]奧斯福對於黑頓所描述的澳洲，也充滿了憧憬與想像。[22]

　　在貝斯萊姆醫院，表現良好的病患可以得到較多的生活空間與較好的待遇。例如，女性可協助清潔和編織，男性可以協助粉刷、照顧花園和工作坊。獎勵是給予男性菸草，或是享受一天一次的麵包、乳酪與小杯啤酒。[23]1854年，奧斯福的醫療紀錄說，他行為總是彬彬有禮，完全合作，空閒時間都用於有意義的閱讀與研究。事實上他學會法文、德文、義大利文、西班牙文、拉丁文與希臘文，並且開始學小提琴。他只要努力，表現就十分傑出，如編織與房屋粉刷，也是療養院的西洋棋與英式跳棋冠軍。

　　1864年他被送至新成立的布洛德莫精神病罪犯收容所（Broadmoor Criminal Lunatic Asylum）。雖然覺得自己不可能被釋放，不過，奧斯福終於擁有了自己的房間，而不需要和其他病人同住一室。在胡德醫師與黑頓的協助下，奧斯福開始

請求內政大臣釋放他。[24] 在呈交給內政單位的文件中，胡德醫師不斷強調，奧斯福在他所觀察的十多年間，沒有任何精神異常的表現等等。但是，首度請求遭到回絕。[25]

1867年內政大臣換人，胡德醫師與黑頓再次協助奧斯福。這次內政大臣終於下令釋放他，條件則是離開英國永不返回。[26] 但是，在法律上，如果奧斯福已經不再是精神異常，並沒有理由在無法律根據的情形下，獲釋並被送到澳洲。有趣的是，內政單位認為這應該不是問題，這只是個建議，奧斯福應該會「自願」去澳洲。奧斯福當然同意。[27] 由於這是趟自願的長途旅程，內政單位無法提供旅費，而奧斯福雖然在醫院中工作多年，也

> **倫敦大都會警察局（Metropolitan Police Service）**
>
> 1829年由其時擔任內政大臣的庇爾（Robert Peel）建立，以現代化的管理與偵查方式，取代過去的警察制度。當初因設置地點的關係，常被暱稱為「蘇格蘭場」。所有職員均由制服巡警開始幹起，升遷調任皆不受出身階級的影響，用人唯才，是個劃時代的組織。警察總長雖曾因1888年的開膛手傑克案被迫下台，整體而言仍十分得到倫敦市民的信賴。

有些許收入，但是，還是在黑頓的資助下，奧斯福才得以負擔25英鎊的船票，支付這趟近七十天的航程。[28]

因此，由一位大都會警局（Metropolitan Police）的偵查

部門主管帶領十二位人員，為奧斯福拍照、紀錄，並且告訴他如果回來，就會立即遭逮捕拘禁（這應該是沒有法律根據的說法，不過總是個官方說法）。三十張照片發送到大都會警局各部門去。十月二日國務大臣發出釋放令；十一月底，他被送到普利茅斯港一艘船上，等待十二月三日前往澳洲維多利亞港。[29]

尾聲

1900年四月二十三日，1822年四月九日在英格蘭伯明罕出生的愛德華・奧斯福，以約翰・佛利曼的自由人身分在澳洲墨爾本過世，享年七十八歲，而後葬於墨爾本公共墓園（Melbourne General Cemetery），當時沒有人知道他過去的真實身分。直到1953年，黑頓的後裔將一部分書信捐贈給澳洲國家圖書館（還記得，黑頓是澳洲早期的探險者之一），才讓好事的歷史學者揭開了這段光與影的重生之旅。[30]

註釋

1 Barrie Charles: *Kill the Queen: The Eight Assassination Attempts on Queen Victoria*. Amberley Publishing: Stroud 2012, p 19.
2 這本書，可以在https://archive.org/details/lightsshadowsofm00free下載，也可在網路書店上購買到重印本。
3 *Kill the Queen*, p 20.
4 Ibid., p 21.
5 Thomas Maeder: *Crime and Madness: the Origins and Evolution of the Insanity Defense*. Harper & Row, Publishers: New York 1985, p 19.
6 *Kill the Queen*, p 14.
7 Ibid., p 15.
8 Ibid., p 16-17.
9 *Crime and Madness*, p 20.
10 Ibid., p 21.
11 湯馬士・何杰金（Thomas Hodgkin,1798-1866）是著名的英國醫師與病理學家，醫學上所稱「何杰金氏淋巴瘤」，就是以其所發現命名。精神醫學並非他的專門，當然，其時也沒有所謂精神醫學專科或精神醫學專家證人的制度。
12 *Kill the Queen*, p 19.
13 *Crime and Madness*, p 21.
14 Paul Thomas Murphy: *Shooting Victoria: Madness, Mayhem and the Rebirth of the British Monarchy*. Pegasus Books: New York 2012, p 123.
15 *Kill the Queen*, p 19.
16 等候英女王發落（At Her Majesty's pleasure，時稱為Queen's pleasure）是英國及大英國協國家的法律文件用語，針對犯人入獄或至醫院等其他場所予以羈留時刑期之長短的決定。這判決是指犯人必須持續羈留，直到不再具有危險性，女王會視其表現予以赦免；實際上，通常是終身監禁。
17 *Crime and Madness*, p 16.
18 *Shooting Victoria*, p 123.
19 Jenny Sinclair: *A Walking Shadow: the Remarkable Double Life of Edward Oxford*. Arcade: Victoria 2012, p 68.
20 Ibid., p 75.
21 *Kill the Queen*, p 19.
22 *A Walking Shadow*, p 74.
23 *Kill the Queen*, p 20.
24 *A Walking Shadow*, p 75.
25 Ibid., p 80.

26　*Crime and Madness*, p 22.
27　*A Walking Shadow*, p 81.
28　Ibid., p 83.
29　*Kill the Queen*, p 20.
30　Ibid., p 22-23.

【第二章】馬克諾頓法則與不可抗拒之衝動

　　馬克諾頓，是近代英美法關於精神異常抗辯的第一個準則，其重要性不言可喻。

　　關於被告犯罪當時的心智狀態，在著名的馬克諾頓法則中，是這樣陳述的：[1]

> 　　在每個案子中，我們都應先告知陪審團成員，每個人基本上都先假定是精神正常的，並且具有足夠程度之理智為其犯罪行為負責，除非與此假定相反的狀況能夠獲得令陪審團滿意的證明，而將此一假定推翻。被告唯有能清楚地證明其在犯行當時，係因心智疾病導致理性缺損，以至於無法知曉其行為之本性與特質；或者，其縱使知曉行為之本性與特質，亦不知曉此行為係屬錯誤。

　　此一法則又被稱為認知準則（cognitive test），實際上所陳述之意涵究竟為何？為何在後來的運用上遭致許多批評？或許，我們可以從對其中關鍵概念的討論與回顧，來了解癥結所在。

馬克諾頓法則之個別元素

　　我國刑法學者吳景芳指出，馬克諾頓法則有五個關鍵概念[2]，分別是：心智疾病（disease of the mind）[3]、理性缺損（defect of reason）、知曉（know）、行為之本性與特質（nature and quality of the act）以及錯誤（wrong）。而國內外文獻，主要也是針對這幾個概念加以討論。

1. 心智疾病

　　吳景芳認為，此處所謂心智疾病，據英美之法律通說，認為係指重大精神病狀態（major psychosis），而排除精神病態人格（psychopathic personality）以及神經症（neurosis）。[4]

　　美國法學者郭德斯坦（Goldstein）指出，由於馬克諾頓法則強調涉及知識（認知），因此，只涉及了一部分的精神病狀態，或是最極端的心智缺陷（mental defect）。[5]至於酒精中毒狀態（alcohol intoxication）、麻醉藥品戒斷（narcotic withdrawal）、暫時性精神異常（temporary insanity，例如情緒狂亂〔emotional frenzy〕）以及邊緣智能缺陷（borderline mental defect），通常被排除在外。也因此，刑事責任中所謂精神疾病，一般是指涉一種固著或長期的疾病性質。最常被專家證人認可的是精神病狀態，而不包括精神病態（psychopathy）[6]以及非精神病狀態。[7]

　　過去因為診斷系統的影響，構成精神異常的疾病，都局限在精神病狀態（psychoses）。但是隨著診斷系統的演變，目前

都會考慮疾病的**嚴重程度**以及**類型**兩個因素。[8]

　　總體來說，可以用美國精神醫學會的立場聲明，來界定刑法上論述責任能力時，所稱之精神疾病為何。1982年的立場聲明主張，這些疾病，在嚴重程度上，通常是指精神科醫師稱之為各類精神病（psychoses）。[9]

　　聲明中特別引用理察・邦尼（Richard Bonnie）的主張：[10]

　　　　在運用這項準則時，精神疾病（mental disease）或心智障礙（mental retardation）只包括嚴重且顯著地損害一個人對於現實的知覺與理解的嚴重異常心智狀態，並且該異常心智狀態並非主要歸因於自主地使用酒精或其他精神作用物質。

　　雖然1982年美國精神醫學會所稱的準則，幾近於馬克諾頓法則，不過當時是屬於較為嚴苛的立場聲明。到了2007年，美國精神醫學會對於通用準則的立場較為放寬，不再支持或反對任何單一責任能力的準則，但是仍然主張對於疾病或障礙的適用上，必須侷限在嚴重精神疾病這一範疇：

　　　　嚴重精神疾病（serious mental disorders）可能實質地損害一個人運用理性去理解以及抑制其違法行為的能力。美國精神醫學會強烈支持精神異常抗辯，因為精神異常抗辯可以提供予我們的刑事司法體系一個機制，用

以承認對於行為時心智功能實質受損的人，給予處罰是
不公平的。

美國精神醫學會在2007年的聲明也說明，嚴重精神疾病不
只是重大精神科疾病（major psychiatric disorders），還包括發
展障礙（developmental disabilities），以及其他原因所造成的
心智缺損（例如嚴重頭部創傷），這些符合精神異常抗辯法律
標準的情形。[11]

2. 理性缺損

學者認為，所謂理性缺損，是指認知或智能方面呈現障
礙。[12]實際上，如果針對其他概念加以闡明，則何謂理性缺損
並不是關鍵的概念。在後續的各種判定準則，也逐漸忽略這項
概念。

個人認為，這是傳統精神疾病概念的產物（強調理性與認
知層面的缺損），其實就前後概念來連結即可，而無須針對理
性缺損部分多加贅述。

3. 知曉

吳景芳指出，對於「知曉」此一概念，一般批評認為
僅涉及認知（cognition），不及情緒（emotion）、意動
（volition）方面。而馬克諾頓法則擁護者如學者傑洛米・霍爾
（Jerome Hall）認為，情緒與意動亦可涵蓋在知的要素之內，
以為辯護。[13]然而這樣的辯護，勢必擴充「知曉」在情緒與行

為上的意涵，而不能很嚴格或限定地來解釋「知曉」一詞。

郭德斯坦曾指出，美國法院實際上未必會對於「知曉」一詞，給予陪審團嚴格的裁判指導，而僅限於認知或知識層面的限制；許多時候，法院也不對「知曉」的定義加以說明，而留給陪審團運用自己的常識作出判斷，當然也不會加以限制。[14]

或許在實際上，「知曉」並不一定是用狹義的方式加以使用，但是正如批評者所言，這樣的字義總是會偏向認知或智能的定義，即便是極度嚴重的精神病患者，通常也能知曉自己行為的性質。法律上所稱的「知曉」，總是給予人較為狹義的理解，而不太能相容於精神醫學上的意義，可以包括更加全面、深入、情緒上與認知上的覺察。因此，許多法院開始使用較為廣義的「感知」（appreciate），來取代「知曉」一詞，期望可以包含情緒上的意義。[15]

4. 行為之本性與特質

英國學者曾解釋「本性」（nature）為物理性質，「特質」（quality）則為道德性質，但其後，不論是本性或特質，英美通說皆指稱係物理之性質。[16]

在美國法庭的實際審理程序裡，這段文句時而遭到省略，更常是未加以說明，或是認為對於被告是否知曉自己對錯與否，並沒有附加更多意義。背後的理由應該是認為，如果被告無法知曉行為的本性與特質，他就不可能知道自己的行為是錯的。[17]

所謂物理性質與道德性質的區分，出現在英國寇德爾

（Codere）案件裡。該案試圖提出「本性」（nature）為物理性質，「特質」（quality）為道德特質，但不為法庭所採納[18]。該案首席法官瑞丁（Reading）認為二者皆屬物理性質。[19]這也造成馬克諾頓法則在英國還是保留較為嚴格的解釋，而與美國法庭有所不同。

所謂行為的物理性質，是指犯罪行為本身的物理性質，或是實質行為是如何如何。而道德性質則是強調其行為可能的後果。因為在許多法庭中，給陪審團的說明常常是用本性與後果（nature and consequences），或是本性、特質以及後果（nature, character and consequences），來取代「本性」與「特質」。

馬克諾頓法則的擁護者，學者霍爾也認為本性與特質是同義詞，且非屬道德層面的範疇。他同時認為，知曉行為之本性與特質，與下一個概念「是非」之認識，是結合為一，並非二者擇一的。[20]

學者郭德斯坦則認為，知曉，以及行為之本性與特質，是互相牽連的。廣義的知曉，伴隨著廣義的行為之本性與特質，反之亦然。[21]

換句話說，如果我們對於「知曉」給予較為廣義的界定，對於「行為之本性與特質」也賦予較為廣義的意涵，這就包含著情緒上的理解，以及理解行為的後果等等。

5. 錯誤

原本馬克諾頓法則的陳述是「知曉其行為之本性與特質；

或者，其縱使知曉行為之本性與特質，亦不知曉此行為係屬錯誤」。在現實情況下，法院的實際解釋常偏重後者，強調「知曉此行為係屬錯誤」與否，也因此使得馬克諾頓法則常被稱為「是非標準」。[22]

但是，接下來的問題在於，這是法律上的是非對錯，還是道德上的是非對錯。例如海特菲爾德案，被告認為自己會造成世界毀滅，但是基於信仰又不能自殺，所以以刺殺國王的方式讓自己上斷頭台，以拯救大眾。他知道自己的行為就法律而論，是錯誤的，但是基於更崇高的道德原則，他選擇犯罪。

馬克諾頓案，廷鐸法官領銜的回答，還有這一段：[23]

> 如果被告自己的認識，只是單純完全針對當時法律（law of the land）的認識，如此可能誤導陪審團認為，被告對於法律的認識與否，就足以將之定罪。由於法律的原則是，任何人都被視為知曉法律而無須任何證明，如果被告意識到其行為係屬不應為之，而該項行為同時違反當時法律，他就該受到處罰。

就馬克諾頓案廷鐸法官的看法，他所指涉的，如果單就字面意義看來，是指法律上的是非對錯。但是，沃克認為，廷鐸的說法應該有兩點：第一，只有該項行為「同時違反當時法律」（contrary to the law of the land），才有處罰的問題；第二，問題在於，被告是否意識到其行為「係屬不應為之」（ought not to do）。

沃克以為廷鐸的「不應為之」，顯然就是指道德上的錯誤。他陳述以下幾點：[24]

> 如果行為非屬犯罪，就無關被告的想法如何，他無須處罰。
>
> 如果行為係屬犯罪，被告知道在道德上有錯，他須受罰。
>
> 如果行為係屬犯罪，但犯罪者相信自己在道德上站得住腳（justifiable），他無須處罰。

沃克認為廷鐸的說法可以總結為：他是否知曉法律，無關宏旨，瘋人也不例外。無罪的重點在於，這項行為在道德上是否站得住腳。

美國法院的見解，則是將錯誤解釋為，可指道德上錯誤或是法律上錯誤兩者。

法律上的錯誤，簡單說就是違法與否，界限分明；道德上的錯誤，乍看之下可能會比法律上的見解更為寬容些。不過也有人指出，實際上未必如此。郭德斯坦認為，強調道德上的錯誤，是指個人的標準，還是個人所察覺的社會觀點？如果是指後者，即個人所察覺的社會觀點，若究其實，可擴充性不大：因為社會觀點常常與法律一致。

舉例而言，病人或認為他的攻擊是出於自我防衛，或是更高的道德指令，但是，一般人們不見得可以接受——畢竟，道德觀念的落差可能更難以預測。因此，認為這種以道德錯誤與

否來論斷是否應受處罰的說法，常常導致更為嚴格的認定，而無法達成放寬認定準則的目的。

或許不一定要斟酌於字句的含意。郭德斯坦認為，強調道德上的錯誤與否，最主要的目的是希望陪審團注意到被告在道德上或者是情緒上的觀點，也就是說，許多學者用來將其擴充或放寬所謂知曉的標準。[25]

對馬克諾頓法則的批評

鑑於對馬克諾頓法則的不滿，或是認為認知準則之不完備，因此產生了日後稱之為產物準則（product test）的新罕布夏判決，以及不可抗拒之衝動法則（irresistible impulse rule）。

相對於馬克諾頓法則或認知準則，這兩個法則基本上有相當不同的回應方式，產物準則是完全廢棄認知準則並取而代之；

> **拿破崙刑法典**
> **（Code Napoléon）**
> 是源出於羅馬法的歐洲大陸重要成文法典。歷經多次修訂，有關精神異常犯罪問題，列於第六十四條：「被告於行為時精神異常，就沒有犯罪或犯行」。

而不可抗拒之衝動法則比較類似認知準則的補充條款，而非完全取代。

對於馬克諾頓法則的批評，或者準確來說，對於認知準則

的批評，甚至於可以追溯到審判前就開始。主要根源在於對於精神疾病的理解面向不同，例如局部精神異常或是單一狂躁症。這些精神疾病的病徵與極度瘋狂或混亂的狀態相當不同。

由於精神疾病病患開始集中在精神病院或當時的治療機構中，醫師也逐漸掌握這些機構的治療，病患的各種樣貌逐漸呈現；不同的嚴重程度和疾病過程，也隨著時間而有所變化。況且人的心智，也不只有認知的層面，應該還含括情緒以及意動，而且彼此之間互相影響、相互交涉。[26]

當時精神科醫師對認知準則的批判，首先來自於對患者的觀察。他們指出，在精神病院中住院的病患，只有不到百分之二到三，是無法辨別是非對錯、不受道德觀念所影響。絕大多數的病患都不符合馬克諾頓法則。[27] 不過，馬克諾頓法則的維護者也反擊，並非所有的急性精神病患都可以免除刑責，也不應該把臨床上的嚴重精神疾病，與法律上得以免責的精神異常，化為等號。

案件發生前五年，1838年美國精神醫學的先驅者艾薩克·雷（Isaac Ray, 1807-1881）發表了《論精神異常之醫學法律》（*A Treatise on the Medical Jurisprudence of Insanity*）一書。雷深受法國精神醫學及法學概念的影響，而提到所謂1810年的拿破崙刑法典（Code Napoléon）關於責任能力的規範：[28] [29]

被告於行為時精神異常，就沒有犯罪或犯行。

雷在書中列出不勝枚舉、只強調知曉行為對錯，但是卻明

顯是精神醫學認為的精神異常，或是無法負責的案件，最後卻
遭到處決或判刑。

　　1833年蘇格蘭格拉斯哥的謀殺案審判就是一個例子。被
告約翰・巴克萊（John Barclay）為了三英鎊與一隻錶殺了一
位友人，案發後既不藏匿亦未逃逸而被捕。他從小就智能有
問題，認為手錶是個有生命的物品，倘若手錶因沒上發條而停
擺，便認為手錶是凍死了。法庭上他無法分辨出殺人和殺牛的
差別，但是隱約知道兩者似乎都不對。巴克萊最後遭到定罪、
處決。

　　雷語帶嘲諷地說：[30]

　　　　看來，許多重點都放在巴克萊知曉對與錯，以為這
　　點是他被視為道德行為人（moral agent）與否毋庸置疑的
　　證據。讀者可以自行判斷，對於一個人而言，認為錶是
　　個生物，而且無法分辨出殺人與殺牛的差別時，在（知
　　曉對錯）這個點上，這個概念，是有多廣泛、多精準。

　　雷的舉例明確又諷刺地指出，只去計較一個人是否對於單
一行為，無論是殺人或犯罪行為，本身是對是錯，就想依據這
麼簡單的原則，來鑑別這個人對於事物的辨別能力，是多貧瘠
而無用的概念。雷舉出一個當時精神醫學界認為是不同於以往
的診斷，所謂「局部道德狂躁症」（partial moral mania），
亦即雖然精神異常但智力不受影響，來藉以說明為何「認知準
則」不合時宜：[31]

這種型態的精神異常，其錯亂局限於一種或多種情感功能，其餘的道德或智力結構維持它原有的整體性。腦部整個機體任何部位活力的提升，必然會使得與其有關的功能展現出活動力與能量的增加，甚至於達到無法加以控制的高峰，如同一個盲目或本能的衝動所造成的影響。因此我們看到受影響的功能，促使一個人依循無法抗拒的本能去行動，然而他同時還意識到自己不合宜的行為，甚至於對自己所為感到厭惡，卻有意而繼續地追逐。並非出於罪惡的異常誘惑，反倒是竭盡所能來避免罪惡，在顯然處於理性的完全掌控之下，他卻犯下一項對他自己或其他人而言都令人費解的罪行。

「局部道德狂躁症」很難對應於目前的精神科診斷，而應該理解為精神科醫師對於病患有更多理解後，試圖來描述自己所看到的精神異常狀態。這疾病樣態強調的是理性、智力或道德感沒有明顯的缺損，但是情緒或行為的控制或者是衝動性，卻出現無法抗拒的異常。

正如海特菲爾德案件辯護律師厄斯金指出：[32]

不同於完全癡愚者，理性並沒有遭到驅離，但是滋擾卻進駐在理性之旁，竄動不休、凌駕其上，使理性無所適從、無法節制。

當時厄斯金也精確地指出，總檢察長所認為的精神異常，

僅侷限於極度混亂的病人：

> 因此，這些不幸的病人，除了在極短暫的時間之
> 外，無法意識到外在事物，或者，至少是完全無法理解
> 外在事物之間的關係。這樣的人，也只有這樣的人，除
> 了癡愚者外，依據總檢察長所表達的意思，才是完全地
> 缺乏理解力。但是，這樣的案例不只極為稀少，也從來
> 不可能是司法難題的對象。對他們的狀況，判斷只有一
> 種。

其實，這樣的辯護，正是針對當時的法律人或是一般民眾
對於精神疾病或是精神異常的主要想像：精神異常，一定是全
面性的，且極度狂亂。而當時的精神科醫師正極力地闡明，許
多精神異常的樣態，實際上只有部分功能表面上尚稱良好，其
他部分則出現問題。

不過，對於妄想準則，精神科醫師也並不十分滿意。

首先，妄想準則認為妄想本身帶來的認識錯誤或是推論錯
誤，是產生違法或錯誤行為的原因，回顧厄斯金的主張，他認
為精神異常的檢定準則，不應該是思考能力或只是察覺對與
錯，而是妄想的有無：[33]

> 當論及一般性的概念時，這樣的人往往可以擁有清
> 明的理性：他們的結論是公正的，而且相當深入，但是
> 形成結論的前提，如果在瘋狂所涉及的範圍內，就是完

全錯誤：並不是因為知識與判斷缺損所造成的錯，而是由於妄想的意念，所謂真實的精神異常所伴隨而生的部分，逼迫著被壓制的理解力所致。因為無法意識到，所以無法抵抗。

妄想，也是局部精神異常或者是局部認知狂躁（partial cognitive mania）的一種情形。不論是他所說「局部精神異常」或者是「局部認知狂躁」，還是雷所引用的「單一狂躁症」，都在於特別強調「瘋狂所涉及的範圍」或者是受影響或損害的部分之外，行為人可能是正常的，這種描述皆在表明一個目的：精神異常並非全有或全無，很多人在某些部分或某些層面觀察起來，會看似正常。

如厄斯金的說法，「當論及一般性的概念時，這樣的人往往可以擁有清明的理性：他們的結論是公正的，而且相當深入，但是形成結論的前提，如果在瘋狂所涉及的範圍內，就是完全錯誤」，由於這種「看似」正常的表現，很容易導致另一項誤解，即在局部精神異常或是單一狂躁症影響所及的區域或能力之外，其他的領域或能力「一定」是完全正常的。然而這樣的推論，並不符合所觀察到的臨床現象。

事實上除了妄想，其實也伴隨著妄想而來的疾病衝動，而這種衝動是無法抗拒的。正如奧斯福案中，丹曼（Lord Denman）大法官所言：

如果一個人被內在的某種疾病所控制，而此種疾病

是其行為的真實動力，他無法抗拒，那被告不須對其行
為負責。[34]

　　主要的問題來自於妄想準則所認為的局部精神異常，只有
在特定條件下，得以無罪而免受刑罰，那就是廷鐸法官向貴族
院所提的第四個問題之回答，「如果一個人，在異常妄想影響
之下，將妄想當成現實，因而犯下罪行，他們是否可以免除刑
責？」，其答覆如下：[35]

　　　　要回答這個問題，必須依妄想的特質為何而定：但
　　是，我們先前已有這樣的假設，就是如果被告只有受到
　　部分妄想的影響，在其他層面並無精神異常，我們必須
　　設想被告在其妄想如果為真的情形之下，他是否應負責
　　任。舉例而言，如果在妄想的影響之下，他認為另一個
　　人企圖奪走他的生命，他殺了這個人是出於自衛，他可
　　以免受處罰。如果他是認為該名死者造成他人格與財富
　　的重大損害，他殺害對方以為報復，那他應該受到處
　　罰。[36]

　　簡言之，局部精神異常，如果只能因出於自衛才認定是無
罪，這樣的說法便是忽視了其情緒與行為控制的缺損，或者是
說，忽略了疾病所造成無法抗拒的衝動。因為，「其他層面
並無精神異常」（廷鐸語），或是沒有情緒與行為控制的缺
損，那麼具有局部精神異常的人，應該可以採取其他合理的手

段，來面對自己所遭遇到的情境，直到無路可逃，出於自我防衛，才能免責。這樣的推論，沒有考慮到厄斯金苦心說明的話語，這些人的「理性並沒有遭到驅離，但是滋擾卻進駐在理性之旁，竄動不休，凌駕其上，使理性無所適從、無法節制」，而且「由於妄想的意念，所謂真實的精神異常所伴隨而生的部分，逼迫著被壓制的理解力所致。因為無法意識到，所以無法抵抗」。換言之，妄想準則如果沒有考慮到妄想本身所帶來的衝動，或可名之為「妄想性衝動」（delusional impulse），就很容易讓妄想準則本身和強調是非善惡的認知準則一樣，成為另一種不合理的限制。

因此，妄想準則雖然讓1800年海特菲爾德案與1840年奧斯福案成功地獲得因精神異常而無罪的裁判，但是，該準則在1812年貝林罕案件中卻未獲認可。換句話說，陪審團或法官對於妄想準則的理解，還是有相當大的落差，還是個未被廣泛接納的準則。

無怪乎，海特菲爾德案的辯護律師厄斯金認為，馬克諾頓或許是適用妄想準則的案例，但是，事後廷鐸法官的見解卻沒有明確說明這一點，結果讓馬克諾頓自己都無法符合廷鐸法官於審判後所提出的馬克諾頓法則。[37]

但是，即使我們接受妄想準則，或是合併疾病衝動的妄想準則，還是會遇到另一個問題，那就是有些病人並沒有妄想，但是情緒與衝動控制能力嚴重受損（如處於急性躁期的病人），那麼，又要如何判定其是否精神異常而無罪呢？

簡言之，認知準則，例如馬克諾頓法則，或者是偏向認知

準則的妄想準則（妄想必須存在，合併妄想所伴隨之衝動），在此就有所限制或無法適用。因此，新罕布夏法則之出現，成為馬克諾頓法則的替代版本，而不可抗拒之衝動法則，則企圖補強馬克諾頓法則。

新罕布夏法則：產物法則的前身

新罕布夏州（New Hampshire）最高法院法官查爾斯·朵伊（Charles Doe）在艾薩克·雷出版其著作後深感同意，也在該州數次判決裡提出不同意見。[38] 兩人常常通信討論精神異常抗辯的議題，特別是雷提到所謂1810年的拿破崙刑法典（Code Napoléon）：[39]

> 被告於行為時精神異常，就沒有犯罪或犯行。

> **新罕布夏法則（又稱產物法則product rule）**
> 於1869年在新罕布夏州法官朵伊（Charles Doe）的影響下，該州最高法院所主張的陪審團指引：「如果殺人行為是被告之精神疾患的後果或是產物，那麼判決應該是『因精神異常而無罪』」。

1869年，在朵伊的強烈影響下（他是陪席法官，不是主審大法官）[40]，該州最高法院做出以下判決，裁示應該如此指引陪審團：[41]

　　如果殺人行為是被告之精神疾患的後果或是產物，那麼判決應該是「因精神異常而無罪」；法律所關切之事，精神疾病的準則既不是妄想，也不是對於對錯的認識，不是計畫與執行殺人時的處心積慮或狡詐心機，不是逃逸或規避偵查，也不是能否辨識得出熟識之人或者是進行工作勞動、商業交易或是處理事務，而是所有的症狀，所有的疾病的準則，都純粹是供陪審團來決定量刑的事實。

　　簡言之，只要有精神疾病存在，而其行為是該疾病的後果或產物，被告就應該是因精神異常而無罪。至於該疾病的後果或產物，常常不證自明，很難反駁。

　　朵伊法官為了說服自己的同僚，向他們表示這不是醫師的觀念，而是來自於傳統而古老的法學觀念。他在寫給雷的信中提到：[42]

　　只有聲稱我們的法則是習慣法下古老而原始的理論，比赫爾或寇克更為古老，才可能說服法律專業。將一個法律見解當成全新的概念來論述，你只是在浪費時間。在你的專業裡事情不會這樣，而且，也很難讓一個學習新知追求進步的科學人去理解，為何要讓律師認可這種習慣法上的進步，就必須是遠古的法律概念在精神與意義上的重現與復興。

　　朵伊似乎指出了兩門專業在思考模式和專業文化上的重大
差異，精神醫學是追求進步的科學，法律學則必須根植於傳統
的概念與意義。朵伊是在英美法的歷史上，進行「托古改制」
的革新。

　　雷在判決後很樂觀地向朵伊表示，這項判決將會終結是非
對錯準則，而且將廣為各地接受。雖然事後證明這是過於樂觀
的想法，因其接受度相當有限。

　　直到1954年，華盛頓特區巡迴法院的法官大衛・巴瑟隆
（David Bazelon）才引用類似精神，催生了產物法則的另一典
型：達倫法則（Durham rule）。

不可抗拒之衝動？

　　病態的衝動（morbid impulse），或是不可抗拒的衝動
（irresistible impulse），比新罕布夏判決得到更多的支持和討
論。

　　就如同我們會處罰一個在槍口下被迫犯罪的人，或者是被
更強壯的人按著手去犯罪的人嗎？如果精神疾病也類似這些情
形，讓人受到控制而無法抗拒呢？[43]

　　不可抗拒之衝動似乎可以避開前面所提，將精神異常侷限
在對與錯的認知準則之內。再者，如海特菲爾德與奧斯福案件
同樣都提到疾病所產生無法抗拒的衝動。

　　1887年阿拉巴馬州帕森斯對州際法庭（Parsons v State）[44]
的觀點，應該是不可抗拒衝動最典型的說法：[45]

針對他所涉及的特定行為，他是否知曉對或錯？……倘若他確實具備了這樣的認識，然而符合下列兩種情形，在法律上他還是無須負責：（一）如果，在精神疾病的束縛下，他已經失去**選擇對或錯的能力**，以及避免執行特定行為的能力，因為在行為當下他的自由選擇能力已遭到催毀；（二）而且，如果，在此同時，其所涉嫌的犯行與精神疾病有關，具有因果關係，**完全**是疾病的產物。

但是法界對於這樣說法，還是有不同意見。英國法官布倫威爾（Bramwell）就曾在審判中詢問一位證人作證指稱，被告有一次無法抗拒自己殺害一隻貓的衝動。法官問，那如果身旁有一位警員在場時，他還會殺害那隻貓嗎？證人答「不會」。法官於是說，只有在警察不在時，這種衝動才無法抗拒。[46] 法官的揶揄陶侃應該是來自於不可抗拒之衝動法則的另一個名稱，稱為「警察近在咫尺法則」（policeman-at-the-elbow rule）。換言之，如果警察近在咫尺處，一個人的犯罪衝動仍無法抗拒，那才符合不可抗拒之衝動。

對於不可抗拒衝動概念的反對意見來自幾個層面。

首先，所有人總是受到一種或多種衝動的影響：貪婪、怨恨、色慾與復仇等等衝動。但是無論是上帝或世間的律法，都要求人們要去抗拒這些衝動。如果人們無法自己抗拒這些衝動，那麼就需要法律來協助他。[47]

其次，就算人們確實因為疾病而無法控制自己的衝動，我

們也很難去界定或者去鑑別，到底在哪一個點或是哪種標準上，這種衝動是無法抗拒的。[48]

最後，所謂「衝動」的說法也容易被誤解為，當時的異常是十分突然而短暫的，而當被告進入法庭後，只會看到一個相當正常的人，宣稱當時瞬間精神異常。[49]

不可抗拒的衝動讓法官或是陪審團必須仰賴專家證人來說明，被告可以抗拒或是無法抗拒這樣的衝動。也讓幾乎所有被告都可以聲稱，自己當時的衝動無法抗拒，但是卻缺乏客觀的事證來加以衡量。

從不可抗拒衝動到自我控制準則

然而學者郭德斯坦認為所謂「不可抗拒之衝動」，其實是命名錯誤。他主張比較好的說法是「無法控制」，而且是作為與馬克諾頓法則配套的準則，最為合宜。

1953年，二次大戰後，英國死刑議題皇家委員會（British Commission on Capital Punishment）對於馬克諾頓法則提出修正案，委員會報告提出了兩個建議，第一個是：[50]

> 廢除（馬克諾頓法）法則，讓陪審團決定被告於行為時，是否因精神疾病（disease of the mind）（或心智缺陷，mental deficiency）到某種程度，而不應負擔責任。

第二個選項是：

> 陪審團必須相信，在行為之時，被告因為精神疾病
> （或心智缺陷）的結果，（一）不能明辨其行為之本
> 質，或是（二）無法知曉其錯誤，或是（三）無能力阻
> 止自己的行為。

第一個建議類似新罕布夏法則，以疾病作為精神異常的判
準，完全取代馬克諾頓法則。第二個建議，則是對於馬克諾頓
的修正與補充，擴大認知準則的內涵，並且合併控制準則以為
補充。

對於第二個建議，委員會認為，所謂不可抗拒之衝動，
「具有不幸與誤導的暗示」，讓陪審團誤以為只能用在激烈的
內在衝突後，突發而衝動的犯罪行為。實際上，在許多情形下
個案的行為都不是源於衝動，而是精神異常的產物。[51]

有趣的是，英國委員會的建議都未被自己國家採用，反倒
是後來在美國法律學會（American Law Institute, ALI）所制定
的模範刑法典（Model Penal Code）中得到充分實現。[52]

郭德斯坦指出，實際上，所謂「不可抗拒之衝動」在法
庭上，幾乎沒有任何實際案例之陪審團或法官指引，會侷限
在這個狹義的字眼上，[53]絕大多數的概念，都可以用「自我控
制能力」（capacity for self-control）或是「自由選擇能力」
（capacity for free choice）來取代。[54]其次，實際的審判過程
中，陪審團從來沒有受到指引認為，只要是事先計畫或是預謀
的行為，就不可以適用自我控制準則。[55]但是，用自我控制準
則來取代衝動控制的字眼，不僅可以避免以詞害意，而且其概

念相較之下也寬廣得多。

　　作為馬克諾頓法則的補充，自我控制準則或許解決了馬克諾頓法則的一些缺點，然而仍須面對幾個重要的批評。

　　法學者傑洛米‧霍爾一向是馬克諾頓法則的捍衛者。他始終認為，如果馬克諾頓法則中，對於知曉的解釋採取比較寬廣的說法，那麼自我控制法則或是不可抗拒之衝動其實欠缺新意，而且，人是個整體，很難去區分認知、理性和情感。所以他認為，任何缺乏控制或意動能力（volition）的人，也會符合馬克諾頓法則中的知曉或是辨識要求。[56]這樣的批評最大的問題在於，實際上，確實有病人在情緒與衝動控制部分明顯受損，但是在認知與智力方面，即所謂理性功能部分，相對正常。

　　另一項批評則是認為，無論是不可抗拒之衝動，或是無法自我控制，都讓精神異常的定義過度擴展，甚至於包括了精神官能症與人格違常。[57]這時，我們常常無法區分，所謂的無法控制（uncontrollable），究竟是肇因於疾病，還是當事人對於其行為未加以控制（uncontrolled）所導致？[58]在確認疾病的真偽時，這也可能成為問題。

　　以上兩個批評，在之後美國的辛克利案時，都成為主要爭論焦點。

　　不可抗拒之衝動法則，或者是說，情緒與衝動控制準則，在馬克諾頓法則的發源地英國，無法被法庭接受；[59]但是在艾薩克‧雷所在的國家美國，則受到許多州的採用，作為馬克諾頓法則的補充。[60]

自此之後，認知準則（又稱是非對錯準則）以及控制準則，成為各國精神異常抗辯所依據的兩大準則。

註釋

1　'The House of Lords and the Judges' "Rules". In *Daniel McNaughton: His Trial and the Aftermath*. Edited by Donald J West & Alexander Walk. Gaskell Books: London 1977, p 79.

2　吳景芳：〈英美法上精神異常認定標準之研究〉。《刑事法研究》（第一冊），台北，五南，1999，頁56-61。

3　關於名詞翻譯，「disease of the mind」翻譯為「心智疾病」。「mental disease」與「mental disorder」均稱「精神疾病」，雖然英文漸有使用mental disorder取代mental disease以為去汙名化之趨勢，但實際意義上則難分差別。「mental defect」則譯為「心智缺陷」。

4　〈英美法上精神異常認定標準之研究〉，頁57-58。

5　Abraham Goldstein: *The Insanity Defense*. Yale University Press: New Haven 1967, p 47.

6　此處所說的精神病態，比較類似現今診斷所稱的人格違常，或人格疾患。

7　*The Insanity Defense*, p 48.

8　Richard Rogers and Daniel Shuman: *Conducting Insanity Evaluations, Second Edition*. The Guilford Press: New York 2000, p 66.

9　American Psychiatric Association: *The Insanity Defense, Position Statement,* 1982. 原文為：「Such disorders should usually be of the severity (if not always of the quality) of conditions that psychiatrists diagnose as psychoses.」

10　Richard J Bonnie: *The Moral Basis of the Insanity Defense*. American Bar Association Journal 1983; 69: 194-7. 原文為「As used in this standard, the terms mental disease or mental retardation include only those severely abnormal mental conditions that grossly and demonstrably impair a person's perception or understanding of reality and that are not attributable primarily to the voluntary ingestion of alcohol or other psychoactive substances.

11　American Psychiatric Association: *Position Statement on the Insanity Defense, 2007.* 原文為：Serious mental disorders can substantially impair an individual's capacities to reason rationally and to inhibit behavior that violates the law. The APA strongly supports the insanity defense because it offers our criminal justice system a mechanism for recognizing the unfairness of punishing persons who exhibit substantial impairment of mental function at the time of their actions.

而該聲明的註解中說明所謂「嚴重精神疾病」：「"Serious mental disorder" is meant to encompass not only major psychiatric disorders, but also developmental disabilities and other causes of impaired mental function (e.g., severe head trauma) that otherwise meet the legal criteria for the insanity defense.」

12　〈英美法上精神異常認定標準之研究〉，頁57。

13　同前，頁57。

14　*The Insanity Defense,* p 48-49.

15   Ibid., p. 49-50.

16   〈英美法上精神異常認定標準之研究〉，頁58。

17   *The Insanity Defense*, p. 50.

18   Ibid., p 51.

19   曾淑瑜：〈精神障礙者責任能力基準之研究〉。《華岡法粹》，2001年，頁147-189。此段論述請見153-154。

20   〈精神障礙者責任能力基準之研究〉，頁154。

21   *The Insanity Defense*, p 51.

22   〈英美法上精神異常認定標準之研究〉，頁58。

23   'The House of Lords and the Judges' "Rules" ', p 79.

24   Nigel Walker: *Crime and Insanity in England*. Volume one: *the Historical Perspective*. Edinburg University Press: Edinburg 1968, p 101.

25   *The Insanity Defense*, p 51-52

26   Thomas Maeder: *Crime and Madness: the Origins and Evolution of the Insanity Defense*. Harper & Row, Publishers: New York 1985, p 38.

27   Ibid., p 38-39.

28   嚴格來說，一般所說的拿破崙法典，應該包括刑法、民法、刑事訴訟法、民事訴訟法與商事法，其中最著名的主要是民法部分，強調人與人關係之平等。拿破崙法典源自於1799年底，拿破崙執政期間委任法學專家組成委員會起草法典，1800年拿破崙稱帝，《法國民法典》於1804年三月二十一日在議會最後通過，1807年改稱為《拿破崙法典》，1816年又改稱為《民法典》，1852年再度改稱為《拿破崙法典》。從1870年後，法界常引用或稱呼的是其《民法典》部分。由於此處是引用自刑法部分，和一般常指稱的民法部分不同，因此，簡稱為拿破崙刑法典。

29   *Crime and Insanity in England*. Volume one, p 89-90. 法文原文是：「Il n'y a ni crime ni délit, lorsque le prévenu était en état de démence au temps de L'action」。英文則為：「There are no crime or offense, where the accused was insane at the time the action」。

30   *Crime and Madness*, p 40-41. 也可參見原書（重印本）Isaac Ray: *A Treatise on the Medical Jurisprudence of Insanity*. Charles C Little and James Brown: Boston 1838. Special Edition of The Classics of Psychiatry & Behavioral Science Library: Birmingham 1989, p 118.
      原文是：「It appears that much stress was laid on Barclay's knowing right from wrong, as affording indisputable proof of his being a moral agent. The reader is left to judge for himself how extensive and accurate must have been the notions on this point of one who thought a watch was a live creature and could see no difference between killing an ox and killing a man.」

31   Ibid., p 41. 同時參見*A Treatise on the Medical Jurisprudence of Insanity*, p 186-7.
      原文是：「In this form of insanity the derangement is confined to one or a few of the affective faculties, the rest of the moral and intellectual constitution preserving its ordinary integrity. An organism must necessarily be followed by increased activity and energy in the

manifestations of the faculty connected with it, and which may even be carried to such a pitch as to be beyond the control of any other power, like the working of a blind, instinctive impulse. Accordingly, we see the faculty thus affected, prompting the individual to action by a kind of instinctive irresistibility, and while he retains the most perfect consciousness of the impropriety and even enormity of his conduct, he deliberately and perseveringly pursues it. With no extraordinary temptations to sin, but on the contrary, with every inducement to refrain from it, and apparently in the full possession of his reason, he commits a crime whose motives are equally inexplicable to himself and to others.」

32　Ibid., p 13.

33　Ibid., p 13.s, p 13-14.

34　Ibid., p 48.

35　'The House of Lords and the Judges' "Rules"', p 74.

36　Ibid., p 79-80.

37　Lawrie Reznek: *Evil or Ill? Justifying the Insanity Defense.* Routledge: London 1997, p 21.

38　*Crime and Madness*, p 43.

39　*Crime and Insanity in England.* Volume one, p 89-90.

40　*Crime and Madness*, p 46. 該案是State v. Pike, 49 N. H. 399 (1869).

41　對陪審團的指引雖是如此，不過被告喬席亞・派克（Josiah Pike）還是遭陪審團判決有罪，後處以絞刑。見*Crime and Madness*, p 46. 原文為：「The verdict should be "not guilty by the reason of insanity" if the killing was the offspring or product of mental disease on the defendant; that neither delusion nor knowledge of right and wrong, nor design or cunning in planning and executing the killing and escaping or avoiding detection, nor ability to recognize acquaintances, or to labor or transact business or manage affairs, is, as a matter of law, a test of mental disease, but that all symptoms and all tests of mental disease are purely matters of fact to be determined by the jury.」

42　Ibid., p 45. 原文為：「The legal profession is to be convinced only by the argument that our rule is the ancient, original theory of the common law, --older than Hale, or Coke. State a legal proposition as new, and you waste your time arguing in support of it. In your profession it is not so, and it is not easy for a man of science, acknowledging and struggling for progress, to understand that the only common law progress which a lawyer will admit is the progress of reviving and restoring the primeval ideas and spirit and meaning of that law.」

43　Ibid., p 47.

44　Parsons v State, 2 So. 854 (Ala. 1887).

45　*The Insanity Defense*, p 68. 原文為：「Did he know right from wrong, as applied to the particular act in question?...if he did have such knowledge, he may nevertheless not be legally responsible if the two following conditions concur: (1) if, by reason of the duress of such mental disease, he had so far lost the *power to choose* between the right and wrong, and to avoid doing the act in question, as that his free agency was at the time destroyed; (2) and if, at the same time, the alleged crime was so connected with such mental disease, in the relation of cause and effect, as to have been the product of it *solely.*」

46　*Crime and Madness*, p 49. 有趣的巧合是，馬克諾頓在行刺時，倫敦警察也真的近在咫尺。當然，當時的法庭與學者對於所謂不可抗拒之衝動法則，並不見得認同。辯護律師所提出的意見是「那是出於妄想，妄想所伴隨的疾病衝動」。這和不可抗拒之衝動的觀念，仍然有所差異。

47　Ibid., p 49.

48　Ibid., p 49-50.

49　Ibid., p 50.

50　請見*Royal Commission on Capital Punishment, 1949-1953 Report.* Her Majesty's Stationery Office: London 1953.Repriented 1965.這兩項建議依序分別見前引書p 116與p 111。同時整理於*The Insanity Defense,* p 81. 原文為：「（第一建議）to abrogate the Rules and to leave the jury to determine whether at the time of the act the accused was suffering from disease of the mind (or mental deficiency) to such a degree that he ought not to be held responsible.（第二選項）The jury must be satisfied that, at the time of committing the act, the accused, as a result of disease of the mind (or mental deficiency) (a) did not know the nature and quality of the act or (b) did not know that it was wrong or (c) was incapable of preventing himself form committing it.」

51　*The Insanity Defense,* p 70.

52　Ibid., p 71, 82.

53　Ibid., p 69-70.

54　Ibid., p 71.

55　Ibid., p 71-73.

56　Ibid., p 75.

57　Ibid., p 77.

58　Ibid., p 77-78.

59　*Crime and Madness,* p 51.

60　〈英美法上精神異常認定標準之研究〉，頁63。

〔不可不知的重要人物〕

蘇格蘭人馬克諾頓

1843年一月二十日一位蘇格蘭人到倫敦，尋求自己所認同的政治與社會正義，卻讓他與我們必須面對面地正視，何謂「是非對錯」的終極問題。

黑衣女王的八次劫難

1840年六月十日，即位三年，身懷六甲的維多利亞女王與艾伯特親王坐著馬車前去探望母親時，十八歲的艾德華‧奧斯福企圖暗殺她。奧斯福以叛國罪起訴後，因精神異常而無罪。這次暗殺的直接結果卻是使維多利亞的聲望劇增，稀釋了公眾當時對於女王處理內閣與宮廷事件所產生的不滿情緒。

維多利亞女王（1819-1901年），自1837年六月二十二日起即位，直到她去世，曾一度是英國在位最久的君主。[1]她也可能是有史以來遭受暗殺次數最多的君主或元首之一；在位期間她一共遭受七個人八次刺殺，當然，沒有人成功。[2]

維多利亞在一個動盪的時代裡即位。1838年由工商（tradesmen）階級為主，要求取消財產限制擴大普選的憲章運動（Chartism）者[3]，在各地發動請願，並且在1838年六月

93

向下議院遞交百萬人簽署的請願書，卻遭到拒絕。[4]十一月威爾斯地區發生「紐波特起義」（Newport Rising，或譯「新港事變」），數千名示威群眾與警察發生衝突，造成二十多人遭毛瑟槍擊斃。五月間，國會選舉後，與女王熟稔的首相墨爾本爵士下台，改由托利黨人羅伯・庇爾（Robert Peel）組閣。庇爾向女王提出要求，請女王將宮廷女侍（Lady of Bedchamber）由一些與輝格黨有關的貴族或高官女眷，改為托利黨人的親友，遭女王拒絕。庇爾拒絕組閣，而爆發所謂「宮廷內侍危機」（Bedchamber Crisis）。而後，墨爾本爵士回鍋執政，直到1841年八月庇爾再度組閣。[5]

　　1839年一個宮廷內侍讓女王名聲更加受損。她母親的一個侍女芙羅拉・黑斯汀（Flora Hastings）被指涉入婚外情、腹部變大，盛傳是與女王不合的康洛伊（Conroy）爵士所為。維多利亞相信這個謠言，芙羅拉一開始不願意接受醫學檢查，直至二月中旬才同意受檢，結果發現她還是處女。芙羅拉在當年七月去世，驗屍發現她腹部的腫脹是肝臟腫瘤造成的。[6]

　　1840年二月十日女王和艾伯特爵士結婚。四個月後便發生奧斯福行刺事件。

　　奧斯福刺殺一案，激起報紙和眾人許多揣測。有人懷疑他是憲章運動者，或是德國人，因為當時的德國是英國海外殖民地及商業競爭的主要對手。奧斯福年僅十八歲，來自於憲章運動主要根據地伯明罕，也很容易讓人聯想到背後可能的真正指使者——愛爾蘭的候選人丹尼爾・奧康奈爾（Daniel O'Connell）當時正要代表都柏林參選英國國會議員。奧康奈

爾認為，這根本不可能是一位「茶水小弟」（pot-boy）[7]可以做出來的計畫。他認為這起因在於首次有位英格蘭君主對愛爾蘭人民表示關心，而托利黨人企圖要暗殺女王，並且極有可能將這件事栽贓到篤信天主教的愛爾蘭人身上。[8][9]

帝國崛起：不安的維多利亞時代

　　1837年維多利亞女王即位時英國已經完成了工業革命，開始為尋找原料地和銷售市場建立殖民地和自治領地。英國與中國的貿易最早始於茶葉、絲綢的貿易；但是這些是市場上的奢侈品，中國自給自足的經濟體制使得英國工業革命的產品毫無用武之地。鴉片成為扭轉對中國貿易逆差的商業武器。1839年林則徐虎門銷煙，打擊英國政府的傾銷政策；1840年初，維多利亞女王在議會上發表了著名的演說，呼籲「為了大英帝國的利益」，向中國發動了第一次鴉片戰爭。

　　1842年五月二十九日，正當維多利亞女王的馬車沿著倫敦林蔭道大道行進時，約翰‧法蘭西斯（John Francis）持槍行刺，不過槍未擊發，行刺者轉身逃脫。翌日女王沿著同樣的路線行進：之所以選擇同樣的路線，目的在於誘使行刺者再次出擊並在現場將其逮捕。果然，傍晚時法蘭西斯又向女王舉槍，迅即被警察逮捕，之後以叛國罪起訴。又過幾天，七月五日一名叫做約翰‧威廉‧畢恩（John William Bean）的人用手槍襲擊女王，但槍膛內只裝有煙草和紙，而此時距法蘭西斯的死刑判決改為流放到澳洲才過兩天。畢恩被判十八個月的監

禁。[10]

　　奧斯福兩年後得知另一件刺殺女王的事之後說道，如果當時他們把我吊死，就不會有後來這些事情了。[11]

　　可以想見於三年後，當羅伯・庇爾首相的祕書被刺身亡時，女王為何無法接受法庭之後的審判結果：因精神異常而無罪。

馬克諾頓的刺殺

　　1843年一月二十日，托利黨內閣首相庇爾爵士的私人祕書愛德華・壯蒙，在從私人銀行回家途中，遭丹尼爾・馬克諾頓槍殺。

　　馬克諾頓在波爾街受訊時陳述：[12]

在我原本住的城市裡的托利黨迫使我不得不這麼做。無論我去哪裡，他們都跟蹤我迫害我，已經完全摧毀了我心靈原有的平和。他們跟蹤我去法國，跟蹤我去蘇格蘭，跟蹤我到英格蘭各地；事實上，我到那裡，他們就到哪裡。

他們控訴我犯了我不該負擔罪責的罪行，實際上他們想要謀殺我。證據可以證明這些，我要說的全部就是這些。

　　馬克諾頓要刺殺的對象，其實是庇爾爵士，後者於1834年

十二月十日至1835年四月十八日、1841年八月三十日至1846年六月三十日兩度出任英國首相。

1829年庇爾在擔任內政大臣時，向國會提出法案，建立了倫敦大都會警察局（Metropolitan Police Service）[13]，以現代化的管理與偵查方式，取代過去的警察制度。之後在各城市也建立類似機制。

庇爾所建立的警察制度，在動盪不安、學者霍布斯邦稱之為「革命的年代」[14]裡，扮演著協助統治階級穩定都市治安的角色，無論是1839年的憲章運動，還是後續工人階級在英格蘭、威爾斯與蘇格蘭發起的運動。

1842年五月二日，憲章運動者發動第二次請願，向下議院請求立法，一萬五千名群眾從牛津圓

關於維多利亞時代人民的參政權

十九世紀的英國社會與現在相當不同，只有少部分人口擁有選舉權，社會地位與雄厚財力是取得選舉資格的兩大要件，因此選舉權的有無在某種程度上，成了將平民分成中產階級以上與下層階級以下的分水嶺。

值得一提的是，維多利亞時代的婦女是沒有投票資格的。要等到1918年第一次世界大戰後，年過30的婦女同胞才可以投票，且必須有一定財產資格或具有大學學歷才行；男性則可以在21歲以後投票，沒有其他資格限制；一直到1928年，婦女才與男性公民享有同等的選舉權利。

環（Oxford Circus）蔓延到西敏寺的兩英里（約三公里）路上，請願書據稱有六英里（近十公里）長，上面有三百三十一萬五千七百五十二人簽名。請願提案在議會短暫辯論後就遭到托利黨主導的下議院否決。群眾雖然和平地散去，但是卻讓憲章運動者再度展開爭論是否應堅持走議會路線。其中一派自稱為「道德力量派」（moral force），主張以說服議會立法開放選舉權為手段；另一派稱為「物質力量派」（physical force），主張社會運動路線。[15]

其實，早在1839年就有所謂全國性的反穀物法聯盟（Anti-Corn Law League）。英國在當時為了保障土地貴族的利益，而於1812年制定穀物法（Corn Law）以高關稅來保障國內糧產價格，使其不受到外國進口廉價穀物的影響，藉此維持土地貴族的利益。土地貴族與托利黨都認為，穀物關稅可以讓佃農的農作物銷售獲得比較好的利潤，但是工廠企業主則認為穀物價格居高不下，讓生活的基本

維多利亞時代的人口組成

十八、十九世紀於英國先後發展的圈地運動和工業革命，使部分失去土地的自耕農轉成佃農或工廠工人，但轉換過程中仍有不少人失去財產和社會地位，成了無家可歸者。距十九世紀初期一份就業統計顯示，乞丐和流浪漢占了總人口的百分之三十。到維多利亞晚期情況已大幅改善，但下層階級的人口仍佔總人口的百分之八十。

支出無法下降，工資也無法壓低，反而讓工廠工人騷動不安；而土地貴族又認為，工廠企業主常常盲目生產卻無法找到市場而造成社會動盪。在彼此利益衝突下，受害的常常是農民、工廠工人和手工勞動者。[16]

1842年七月，農產價格高漲，造成前所未有的社會動盪。史達佛郡礦場主人宣布降低工資，企圖施壓托利黨修改穀物法降低關稅，卻先讓原本工人已然拮据的生活條件雪上加霜。礦場工人很快地發起自發性罷工（wildcat strikes）而且蔓延到北英格蘭和蘇格蘭等工業地區。工人們到其他工廠鼓吹擴展罷工，也攻擊不願意加入的工人，並且破壞廠房與機器設備。蘭開夏郡與曼徹斯特的工人，將蒸汽機的蒸氣鍋爐爐塞拔除，使蒸汽機無法因蒸氣受壓縮而產生動力，以避免工廠復工，後來被稱為英國工運有名的「塞子暴動」（Plug Riot）。[17]塞子暴動後來在軍隊與地方警力的持續鎮壓下，才逐漸平息。

審判與監禁

奧斯福與馬克諾頓的刺殺，都是針對統治階級的刺殺案，而兩位犯行者都是工人。

奧斯福案，主角是維多利亞時代第一位弑君者，在充滿政治揣測下於1840年七月九日開始審理。[18]我們都知道最後結果：因精神異常而無罪。但是，審判的尾聲，現在看來，則是頗有爭議的一段審判過程。

倫敦警方在數度搜索犯罪地點並訪談多位目擊證人後，還

是沒有找到子彈。奧斯福確實朝向女王擊發兩支手槍，手槍也上呈成為證物。但是，如果手槍中沒有子彈呢？專家證人還有幾位醫師都說，被告向他們坦承手槍中只有火藥。

在當時，陪審團可以認定遭到偷竊的東西所有的價值為多少，以避免被告上絞刑台。[19]正如歷史學者沃克認為，實際上精神異常抗辯的概念與程序，仍然要經過許多時間才逐漸確立，而不是光靠一兩件受人矚目的案件就從此建立標準流程。就以十八世紀的英格蘭與威爾斯為例，偷竊四十先令的九歲男童，有可能被處以絞刑，每年約有二百人被處死，因此，陪審團很樂於對事實認定加以表達意見。[20]

1800年詹姆士‧海特菲爾德因為刺殺喬治三世判決精神異常而無罪，送至貝斯萊姆醫院，審判後一個月，國王簽署通過「精神異常犯罪者安全監護法」（Act for the safe Custody of Insane Persons Charged with Offenses）[21]，讓他們可以永久住在監獄或醫院中，直到國王或女王發落。[22]

因此，如果奧斯福也是如此的處置（精神異常而無罪），那麼對於國家或女王的危害，將就此結束。

然而，陪審團的首次判定是：

> 庭上，我們認為這位被告，因向女王擊發兩支手槍，有罪；然而，依據我們所呈現的證據，無法證明手槍中是否有子彈。

審判法官、辯護律師與起訴檢方，就此討論許久。如果，

手槍內沒有子彈（或是，沒有辦法證明手槍中有子彈），那麼，奧斯福應該因為證據不足而無罪釋放。[23]

這將是多數人都無法接受的結果；恐怕也會是政治上的災難。

檢察官再次說明，明確表示他們的想法：奧斯福是精神異常，所以才無罪。

陪審團回到房間內再次討論。然後他們出來，宣布二次判定：「有罪，在行為時精神異常」。一位陪席法官介入，說道：「是無罪，因為行為時精神異常」。接著一位陪審員發出異議，強調是「有罪」。

這時主審法官開口了：「你們認定他無罪，或是有罪，但是精神異常。」陪審團不再發言了。

檢察官說明他們的看法，同意無罪但精神異常的結果，並且說明他將被安置在適當的場所，直到女王發落（直到女王高興為止）。[24]

1843年三月十三日，馬克諾頓，也是在檢方與辯方都認為其精神異常而無罪之情形下送到貝斯萊姆醫院。[25]但是，在憲章運動與反穀物聯盟之塞子暴動的背景下，環繞在這案件周遭的政治氣氛顯得更加詭譎。

倫敦和英格蘭地區的報紙，對於刺殺事件有許多揣測與觀察。相對於奧斯福這位十八歲不懂世事的青少年，馬克諾頓這位木匠，就予人許多想像空間。有人認為他是憲章主義者，也有人認為這是反穀物法聯盟所策動的事件。不論是哪一種，都代表托利黨當時所處的政治位置，相當敏感。無論是輝格黨、

激進人士、自由主義者還是破壞分子，都以托利黨為目標。[26]

馬克諾頓生於蘇格蘭格拉斯哥，一位木匠的私生子，據說生於1812年一月十五日。[27]他原本受雇於自己的父親，之後還自己學習表演、勤讀文學、擔任公眾演說者。1832年他應該十九歲，開始在劇場裡表演約三年，但是卻沒有很好的發展。1835年他在格拉斯哥開了一間小木工坊。[28]馬克諾頓在劇場的經驗，以及他勤於自修、參加憲章運動者以及社會主義人士所經營的格拉斯哥技工學院（Glasgow Mechanics' Institution）[29]，甚至於後來還參與某個教育訓練委員會的運作，讓他成為社會主義與憲章運動人士裡的活躍分子。實際上他所聘請的一位工人，就是格拉斯哥憲章運動的主要人士與工會主要發言人亞伯蘭・杜肯（Abram Ducan）。[30]

馬克諾頓在波爾街受訊時聲稱遭到跟蹤迫害[31]，到底是否真有其事呢？庇爾確實在1829年於倫敦，建立了英美第一個現代警察系統。[32]而馬克諾頓的夥伴杜肯，也認為自己確實遭到政府警察與私人間諜跟監。[33]但是與杜肯相比，馬克諾頓並不那麼有名，也沒那麼重要。

實際上，在審判前女王和首相都收到消息，認為馬克諾頓在蘇格蘭是個政治活躍分子，而且倫敦蘇格蘭場也有探員到格拉斯哥蒐集到相關資料。但是這些訊息在審判中都沒有被提出，也無從查證。[34]

被告證詞中認為遭人跟蹤與被害的證據，始終沒有人加以檢視。

1840年到1843年間刺殺女王或首相的案子，被告最後都

以精神異常而無罪告終，對於當時的英國政治情勢和許多人而言，縱使不滿意，這樣的判決結果恐怕仍舊是比較好的結局。因為，這些可能充滿政治聯想的舉動，最後都可以解釋為精神異常，而暫時不需要去探究背後的社會衝突：一位是伯明罕人，來自憲章運動的發源地，另一位是蘇格蘭人，正值工運與憲章運動蠢蠢欲動的時機；兩位，都是中下階級的工人。

後語

奧斯福在1840年七月十八日入住貝斯萊姆醫院，海特菲爾德已經在此關了將近四十年了。1841年一月二十三日，六十九歲的海特菲爾德死於該醫院。[35][36] 1843年三月十三日馬克諾頓入住，成為精神異常犯罪者院區第二百一十九位病人。[37] 1864年貝斯萊姆醫院的精神異常犯罪者院區關閉，所有人移到布洛德莫這所精神異常犯罪者專屬醫院，這醫院還被人嘲諷為「女王最高興之所在」（Her Majesty's Highest Pleasure）。

馬克諾頓在1865年五月三日，死於布洛德莫醫院。[38]奧斯福在1867年底獲釋，前往澳洲，成為自由人。

註釋

1　維多利亞女王在位六十三年七個月（1837年六月二十二日至1901年一月二十二日），僅次於現任女王伊麗莎白二世，後者於1952年二月六日登基，至今在位六十三年又九個月。

2　關於刺殺維多利亞女王的詳細描述與討論，可以參考Barrie Charles: *Kill the Queen: The Eight Assassination Attempts on Queen Victoria*. Amberley Publishing: Stroud 2012.以及Paul Thomas Murphy: *Shooting Victoria: Madness, Mayhem and the Rebirth of the British Monarchy*. Pegasus Books: New York 2012.

3　*Kill the Queen*, p 7.

4　憲章運動前，英國雖然經歷了一系列政治改革運動，如1832年的改革法案，但是只有富裕的資產階級獲得權力與利益，占人口多數的勞動階級仍舊沒有選舉權。1838年威廉・勒維特（William Lovett）等六名勞動者和六名國會議員組成一個委員會，擬定了一份《人民憲章》（*People's Charter*），提出了以下六點主張：二十一歲以上男子有普選權、選區不論大小或人數多寡一律平等、祕密投票、取消參選財產限制、給予議員年俸、每年一次選舉等。其主張迅速引起一般民眾極大回應，全國各地紛紛舉行大型集會響應。1839年二月四日的憲章運動大會上推舉出五十名代表，參與起草請願。至六月向下議院請願，但下議院幾乎沒過目便予以回絕。國會的反應，使得運動中的激進派對此更加憤怒，先後策畫暴動。政府方面強力鎮壓，並逮捕了部分憲章運動領導者。九月十四日憲章運動大會被迫解散；鎮壓更激化了激進派在威爾斯地區的活動。十一月四日威爾斯地區發生武裝暴動，暴動者要求釋放被捕者。政府調動軍隊鎮壓，造成流血事件。此後大量憲章運動參與者被逮捕判刑，但是後繼者仍然在1842年與1848年發動兩次數十萬人到百萬人的請願活動。

　　1100年亨利一世頒布的自由憲章（Charter of Liberties），1215年英王約翰簽署的大憲章（Magna Carta, The Great Charter）都是限制王權，確立英國貴族分享政治權利與自由，保障教會不受國王控制等內容，因此取名「人民憲章」，正是強調以人民為主，將政治權利與自由分享給人民。

5　*Kill the Queen*, p 7.

6　Ibid., p 8.

7　奧斯福曾經短暫受雇於牧者與羊群酒吧，擔任倒茶水的小弟。在審判中與審判前報紙新聞報導有多人提到這點。

8　*Kill the Queen*, p 17.

9　都柏林地區的丹尼爾・奧康奈爾和之後擔任首相的托利黨人羅伯・庇爾一直是政敵。奧康奈爾重要成就之一是1829年英國頒布天主教解放法（the Catholic Relief Bill），大幅消滅法律對天主教徒（約占愛爾蘭人口的四分之三）、猶太人和其他不信仰英國國教者的歧視。奧康奈爾長遠目標是要解散1800年英格蘭王國與愛爾蘭王國的聯合，主張基於和平原則的民族主義，要求恢復愛爾蘭國會。在當時，愛爾蘭地區選出的國會議員，必

須進入英國國會，才能代表愛爾蘭人民為其發聲。同樣地，蘇格蘭也有類似的問題。

聯合王國起源於1535年，英格蘭王國以《聯合法案》合併威爾斯公國，於《1707年聯合法案》合併蘇格蘭王國成為大不列顛聯合王國，於《1800年聯合法案》合併愛爾蘭王國成為大不列顛與愛爾蘭聯合王國。

10 *Kill the Queen*, p 25-26, 33, 44, 52.

11 Ibid., p 23.

12 The Queen v. Daniel McNaughton, 1843 State Trial Report. In *Daniel McNaughton: His Trial and the Aftermath*. Edited by Donald J West & Alexander Walk. Gaskell Books: London 1977, p 53.

13 倫敦大都會警察局，時常因其原先的總部後門位於白廳路大蘇格蘭廣場（Great Scotland Yard），而被稱為蘇格蘭場。倫敦警察廳目前的總部大樓位於倫敦西敏市境內的新蘇格蘭場。

14 霍布斯邦：《革命的年代：1789-1848》。麥田：台北市 1997。

15 Richard Moran: *Knowing Right from Wrong: the Insanity Defense of Daniel McNaughtan*. The Free Press: New York 1981, p 30-31.

16 Ibid., p 25-26.

17 Ibid., p 26-27.

18 Jenny Sinclair: *A Walking Shadow: the Remarkable Double Life of Edward Oxford*. Arcade: Victoria 2012, p 47.

19 Ibid., p 55.

20 *Crime and Insanity in England*. Volume one, p 52.

21 Thomas Maeder: *Crime and Madness: the Origins and Evolution of the Insanity Defense*. Harper & Row, Publishers: New York 1985, p 16.

22 *A Walking Shadow*, p 55.

23 Ibid., p 59-60.

24 「Until Her Majesty's Pleasure be known」翻譯成「直到女王發落」，是根據香港的說法。「直到女王高興」，或是「隨女王高興」則是直譯，後面這種翻譯說法，總有些戲謔的意思。

25 *Knowing Right from Wrong*, p 23.

26 Ibid., p 13.

27 Ibid., p 42. 馬克諾頓的出生和他的名字一樣，很難確定。由於蘇格蘭當時沒有全國出生登記，因此只有長老教會受洗的紀錄。又因為他並非婚生子，所以紀錄更可能欠缺不全。

28 格拉斯哥史脫克威爾（Stockwell）街79號。

29 格拉斯哥技工學院建立於1820年代，希望提供技術工人與技藝者務實的繼續教育，主要教授文學與科學。由於貴族階級的關切，這所學院不能教授神學、政治與經濟學，也不能討論宗教與政治議題。參見*Knowing Right from Wrong*, p 454.

30 *Knowing Right from Wrong*, p 44-45.

31   The Queen v. Daniel McNaughton, 1843 State Trial Report, p 53.

32   *Knowing Right from Wrong*, p 54.

33   Ibid., p 59.

34   Ibid., p 69-71.

35   *Crime and Madness*, p 16.

36   *Shooting Victoria*, p 123.

37   *Knowing Right from Wrong*, p 23.

38   Ibid., p 24.

【第三章】醫療準則的法庭實驗與典範再臨：從達倫法則到模範刑法典

　　湯馬士・梅德將所謂的達倫法則稱為一個實驗，雖然是個失敗的實驗。但是，這個嘗試的失敗，卻充分地反映了精神異常抗辯無法轉化成單純醫學語言的根本問題。[1]

馬克諾頓法則，廢或存？

　　1953年，二次大戰後，英國的死刑議題皇家委員會對於馬克諾頓法則提出修正的建議，委員會報告提出兩個建議，第一個是：[2]

> 廢除（馬克諾頓）法則，讓陪審團決定被告於行為時，是否因精神疾病（或心智缺陷）到某種程度，而不應負擔責任。

第二個選項是：

> 陪審團必須相信，在行為之時，被告因為精神疾病（或心智缺陷）的結果，（一）不能明辨其行為之本質，或是（二）無法知曉其錯誤，或是（三）無能力阻

止自己的行為。

第一個建議，廢除馬克諾頓法則，改以精神疾病或心智缺陷之存在與否及其嚴重程度，作為責任能力的判準，催生了達倫法則。[3]

戰後的精神科醫師相當期待可以對精神異常抗辯進行修正，而死刑議題皇家委員會的報告，也用了四分之一以上的篇幅討論精神疾病、犯罪與責任。[4]這份報告蒐集了許多來自於精神醫療專家與法律學者的意見，透過聽證會、文獻與論述回顧，反映了當時英美知識界與實務界，醫、法兩方各自對於精神異常抗辯的思辨。

不過，以醫師的立場來看，進入法庭雖然對律師而言再熟悉不過，於醫師而言卻非常格格不入，除了擔心受到羞辱外，有時還會損及專業自尊。對這樣的情境，一位專長司法精神醫學的精神科醫師曼菲德·古馬赫（Manfred Guttmacher）曾有感而發地描述在法庭裡精神科醫師的經驗：[5]

> 對他而言，許多方面都令人厭惡。當他的同僚或病人詢問他的意見時，總是帶著敬意。他習慣當自己的老闆；在美國體制下，他不用聽令任何人。在審判的情境下，一切都不一樣了……他的意見，不再受人尊重與服從，在交互詰問中，他的意見可能被嘲諷、誤解、扭曲而成為謬論。他的智識，專業能力，全部都可能遭到質疑；他的誠信，也時常遭到抨擊。

　　恐怕這最初的格格不入，正是來自於當事人進行主義下法庭辯論的程序。臨床精神科醫師對於法庭陳述與程序的反感，認為醫師的專業陳述受限於程序而無法自由發揮，而且對專業資格受到嚴厲挑戰感到忿忿不平。目光轉向立場相對的另一方。在這份報告的聽證會裡，對於馬克諾頓法則的批評或是加以廢止的建議，卻使得多數法律學者提出抗議。他們多數認為只要加以彈性的解釋，在審判中不會造成問題或困難，而且不可抗拒的衝動，也可以包含在行為的本性與特質的解釋裡。[6]如果是這樣，又何必提出修正或不同的準則呢？

　　就精神醫學的專業判準而言，當然有許多反對馬克諾頓法則的理由。但是，如果法庭上可以讓專家證人自由地說明精神疾病或心智缺陷的診斷、表現和臨床特徵，無須受限於法律的黑話與框架，那麼對於精神異常抗辯的成立與否，會不會是一種大幅的進步？達倫法則，就是這樣的結果與實驗。

　　如果不可抗拒的衝動法則或是控制準則，是對於馬克諾頓法則的不足加以補充，那麼，達倫法則，則是對於馬克諾頓法則的完全取代。

產物法則與達倫判決

　　要討論達倫判決之前[7]，或許要先提到新罕布夏的產物法則。

　　1869年，在新罕布夏州最高法院陪席法官查爾斯·朵伊影響下，判決應對於給陪審團，給予這樣的指引：[8]

如果殺人行為是被告精神疾病的後果或是產物，那麼判決應該是「因精神異常而無罪」；對於法律所關切之事，精神疾病的準則不是妄想，也不是對於對錯的認識，不是計畫與執行殺人時的處心積慮或狡詐心機，不是逃逸或避免偵查，也不是是否有能力認識熟識之人，或者是工作勞動、商業交易或是處理事務；然而，所有的症狀，所有的疾病的準則，都純粹是該由陪審團來決定的事實。

新罕布夏法則很清楚地宣示既不接受「認知準則」，亦不接受「妄想準則」，也無須爭論是否有事先計畫、事先預謀，也不爭論是否企圖逃脫，更無須考慮對於一般事務的處理或應對能力等等，只有考慮疾病，以及行為是否是疾病的產物。所以，稱為**產物法則**（product rule）。

同樣地，必須提到影響朵伊觀念的醫師艾薩克·雷，他所推崇的1810年的**拿破崙刑法典**關於責任能力或是精神異常抗辯的規範：[9]

被告於行為時精神異常，就沒有犯罪或犯行。

新罕布夏州最高法院判決所產生的法則，和達倫判決所產生的法則，都可稱為產物法則，也都可以算是拿破崙刑法典法則的後繼者。當然，拿破崙刑法典法則並未指明行為是精神疾病或心智缺陷「所造成」或是因其「所產生」，但是，它似乎

採用一種更廣義而不證自明的認定方式，行為時只要有精神異常，就是受到其影響，所以應免除其刑責，無需爭論。

　　這種強調生理醫學或生物學觀點，認為涉案行為如果是精神疾病或心智缺陷所造成或者是其產物，在大陸法系的責任能力法理中，稱為「生物學原則」或「生理學立法原則」。[10]

　　無獨有偶，促成達倫判決的法官大衛・巴瑟隆（David L Bazelon）也深受當代精神醫學知識的影響，並且對於精神疾病患者的處境相當同情。1949年，他離開美國總檢察長辦公室的稅務部門，成為華盛頓特區上訴法院（Court of Appeals for the District of Columbia）法官。[11]

　　巴瑟隆進入華盛頓特區上訴法院後，持續表達意欲尋求能夠取代馬克諾頓法則的新規範的企圖。1954年一件侵入住宅的案件，讓巴瑟隆有機會影響主審法官，提出他的新見解。巴瑟隆其實也很清楚，對於犯行嚴重的案件，提出新的法律見解，很容易受到許多非法律或醫學因素干擾而失焦。

達倫案：三度入院竊賊引發的法庭實驗

　　蒙特・達倫（Monte Durham），[12]有長期服刑與住院歷史。1945年十七歲的他從海軍除役，因為經過精神醫學檢查，認為他「罹患嚴重的人格違常，使得其不適合於海軍服役」。他因違反國家機動車輛偷竊法，而被判緩刑一至三年，後又企圖自殺，所以被帶到蓋林哲（Gallinger）醫院[13]觀察，然後轉至聖伊莉莎白醫院（St. Elizabeths Hospital）[14]，兩個

月後出院。1948年一月，達倫使用空頭支票被華頓特區地方法院判決有罪後，撤銷緩刑而入獄。入獄數天，由於他的精神狀態不穩定，因此向法院提出精神異常的訴請，經陪審團認定「精神不健全」（unsound mind）。隨後他便在聖伊莉莎白醫

> ### 達倫法則（Durham rule）
> 因1954年一起侵入民宅的案件，華盛頓特區法院在法官巴瑟隆（David Bazelon）影響下所提出的陪審團指引：「如果其非法行為是精神疾病或心智缺陷的產物，被告無須為犯罪行為負責。」

院治療十五個月，診斷是「精神病狀態合併精神病態人格」（psychosis with psychopathic personality）。1949年七月醫院認為他已經回復，因此轉送回監獄續其殘刑。1950年六月，達倫獲得有條件釋放，然而他隨即違反假釋條件離開特區。因為違反了假釋條件，特區發出拘票，他則跑到南部與中西部，以空頭支票繼續賺錢，被人發現後被送回特區。假釋委員會向特區法院提出精神異常的訴請，陪審團再次判定他精神不正常。1951年二月他再度入住聖伊莉莎白醫院，這次的診斷則是「精神病態人格，無其他精神疾病」（without mental disorder, psychopathic personality），1951年五月再度出院。

兩個月後，1951年七月十三日達倫在一間公寓行竊遭到警方逮捕。警察抵達時發現他瑟縮在角落，頭上覆著T恤，口袋裡有價值五十美金的財物。由於過去的精神科病史，還有母親的證詞，說他上次出院後一直受到幻覺干擾，他三度入住聖

伊莉莎白醫院，兩位精神科醫師進行診斷，認為他是「精神病狀態合併精神病態人格」，六個月後他經評估業已回復受審能力，而被轉送到特區看守所。

達倫提出精神異常抗辯，法庭拒絕採納，隨後判刑。在審判中法庭認為，除非提出充足證據證實確實苦於精神疾病無誤，否則被告應當被認為是精神健全的。唯一出庭的精神科醫師作證認為，被告在行為前、行為時與行為後，都是「精神不健全」的，但是沒有特別說明，被告是否符合馬克諾頓法則所重視的區辨對與錯的能力問題。法庭認為這些說明無力構成所謂精神疾病的充分證據，足夠推翻被告應當被認為是精神健全此一審判的前提，因此檢方無須提出反駁的證據。一審法庭的立場，之後在上訴法院認為是偏見性錯誤（prejudicial error）。

辯護律師提出上訴。上訴法院裁定一審法庭犯了某些偏見性錯誤，而撤銷原判決，但是，辯護律師在上訴中也挑戰了華盛頓特區所使用的精神異常抗辯所仰賴的準則，該地區1886年主要是依據對與錯準則，而在1929年補充了不可抗拒的衝動法則。[15]

上訴法院撤銷一審裁判，判決對於本案再審的原則應該是：[16][17]

> 如果其非法行為是精神疾病或心智缺陷（mental disease or defect）的產物，被告無須為犯罪行為負責。
> 我們使用「疾病」（disease），是指會改善或是退

化的一種狀態。我們使用「缺陷」（defect），是指不被
認為會改善或是退化，而且可能是先天性，或是損傷的
結果，或者是生理或精神疾病的殘餘影響。[18]

　　巴瑟隆說明，在達倫判決中，避免對於精神異常抗辯使用
精確的措辭，免得妨害爾後的審判程序。判決提到「我們不制
定，事實上也無法制定，適用於或限制所有案件（對於陪審
團）的指引」。

　　法院也認為，這項判決不只具有實質的正當性，而且開創
了精神科醫師與律師和諧的新紀元。精神科醫師現在可以「提
供陪審團關於（被告之）精神疾病的特徵」，而陪審團將「會
受到關於心智生活更為寬廣水準的知識所引導」。[19]

　　美麗新世界，即將來臨。

　　實際上，巴瑟隆認為，無論給予陪審團的指引其陳述內容
為何，一旦握有精神異常的證據，除非有超越合理懷疑的證據
顯示沒有精神疾病或心智缺陷，或者是該精神疾病或心智缺陷
與所違反之犯罪行為並無因果關係，否則陪審團應判決無罪。
只有精神疾病或心智缺陷並不充分，而必須是與犯罪行為有因
果相關，但是這種因果關係的本質，則由陪審團依據專家證詞
與案件的事實來決定。

　　雖然以現在的眼光來看，這樣的判決或許相當大膽而且過
於樂觀，但是，巴瑟隆對於精神醫學知識發展的理解，應當算
是相當深入，而且也清楚知道知識的局限所在，他多年後在自
己的未付梓手稿中寫著：[20]

對「精神疾病」這一名詞賦予許許多多性質界定的馬克諾頓法則，以及其他類似準則，基本的錯誤在於，它要求比我們此時可以合理提供的更為精確的訊息。當精神醫學以及其他行為科學進步到某個點，可以斬釘截鐵地確認出責任的泉源時，那時候，也只有那時候，我們才可能合理地說明某些嚴格定義下的精神異常。然而，我們事實上處於很長的一段，所謂「在此時」的期間裡。所以，在此時，對我而言，更傾向於使用一些字句字詞，讓一門正在發展的知識，可以適用到每個出現的案件上。

巴瑟隆和朵伊法官一樣，強調這不是新的準則，而是經由新罕布夏判決所指引的精神異常抗辯現代版（或許也可以說成，拿破崙刑法典關於責任能力或精神異常抗辯的現代版本，而且這部分條文一直維持在法國刑法第六十四條）。巴瑟隆同時強調，對於陪審團這並不是不合理的要求，因為在民事訴訟中，已經做過許多類似的判決了。[21]

巴瑟隆認為自己為精神科在法庭開了一扇門，精神科醫師也多表贊成，因為他們不須受限於馬克諾頓法則，而可以暢所欲言。數年後達倫實驗結束，巴瑟隆發表看法，認為這樣做並沒有得到好處，而且當這扇門半掩著，許多怪誕事務反而趁隙跑了進來。[22]

達倫實驗所造成的困擾，部分是因為法律的變動，無可避免地有些急切的敦促聲浪與測試壓力，有些，則是直接來自於

這個改變的基本問題。

實驗的結果

達倫法則的主要問題，來自於兩件事：其一，何謂精神疾病或心智缺陷？其二，何謂產物？

馬克諾頓法則的缺點，應該正是達倫法則的鏡像對比。對於精神疾病或心智缺陷如何構成刑罰免責，相對於馬克諾頓法則提出了相當嚴格（以至於不容易被專家證人充分理解的）法律上精神異常的定義，達倫法則則在形式與內容上都不落言說，是個「沒有法則的法則」（non-rule）[23]，因為和新罕布夏法則一樣，達倫法則既不依循認知準則，不依循妄想準則，也不支持不可抗拒之衝動法則。如此一來，卻反而讓陪審團更想知道，那麼，究竟要呈現出什麼樣態或達到什麼程度，才可以稱做精神疾病或心智缺陷？[24]

雖然達倫法庭一直沒有明說在此涉及責任能力的所謂精神疾病，其實與精神病狀態（psychosis）同義，但是，在批評馬克諾頓法則與不可抗拒之衝動法則時，法庭其實也隱微地指稱，即使在精神病狀態下，依據馬克諾頓或不可抗拒之衝動兩個法則，許多臨床疾病狀態也無法適用。不過，對於何謂精神疾病或心智缺陷這個議題上，法庭卻刻意留白。[25]如果專家證人願意把任何精神科的診斷歸類為精神疾病，此時面臨考驗的就是陪審團了。

於是，社會病態人格（sociopathy）、精神病態人格

（psychopathy）、麻醉藥品成癮（narcotics addiction），是不是法律上可以用來豁免責任的精神疾病，就成為達倫實驗中重要的戰場。[26]

簡言之，精神醫學或心理學所稱的精神疾病或心智缺陷，指涉的是診斷，針對的是治療。法庭上或者是陪審團所關心的，是會對責任能力造成影響的精神疾病或心智缺陷。在法律上，無論是任何名詞，都可能和臨床上所說有所重疊，也有所不同。這是第一個令人困惑的問題。

再者，產物一詞，也相當令人困惑。

我們可以說，由於精神疾病影響了思考流程的所有層面，因此所有行為或多或少都受到疾病的影響，但是這樣寬鬆的理解，會導致「產物」一詞被曲解成各種意義。最極端的情形下，例如一個病人因為相信上帝命令他去殺人而犯下殺人罪，要求裁判必須基於被告的疾病與犯罪之間具有直接而明顯的因果關係，而給予豁免刑責。[27]

當陪審團無法理解所謂產物與因果關係時，這時，法庭也可能出現舊的語言，因為這似乎比較貼近一般人的經驗，亦即詢問被告是否可以控制其行為，或是他是否知道自己行為的本性與後果等等。[28]

最後，當法庭放棄了馬克諾頓法則，專家證詞在表述完對於精神疾病或心智缺陷、疾病與行為的相關性後，陪審團也沒有多大的裁量空間，原本神聖不可侵犯的最後推斷與決定的權力蕩然無存，而只剩下蓋橡皮圖章的義務。[29]因為，只要存在著精神疾病或心智缺陷，其後所涉及的犯罪行為，可以很自然

而然地或是相當輕易地解釋為疾病的產物，如此一來，關鍵證據，就只剩下是否患有精神疾病或心智缺陷了。

此外，由於華盛頓特區法院對於舉證責任[30]的看法，也讓事情變得相當戲劇化。之前法庭的判決認為除非提出精神疾病的相關證據，否則被告應當被認為是精神健全的，達倫法則卻把這樣的責任逆轉，轉向由檢察官來負責否定精神異常或心智缺陷存在的證據。於是，當精神疾病或心智缺陷的證據被提出後，變成檢察官必須負擔舉證責任，以反駁精神疾病或心智缺陷的證據。

正如巴瑟隆所說，一旦有精神異常的證據，除非有超越合理懷疑的證據顯示沒有精神疾病或心智缺陷，否則，陪審團應判決（因精神異常而）無罪。因此，之後的審判程序裡，檢察官通常不會提出自己的專家證人，而是運用一般人證來舉證被告並沒有明顯的異常行為，或是透過交互詰問來挑戰被告的專家證人。

這樣的做法，在1956年至1962年間成為常見的策略。在一個案件裡，被告的兩位精神科醫師專家證人，作證被告是精神病或是早發性癡呆，而且行為與其嚴重的疾病有關。檢方則提出一般人證，證明被告的行為相當正常。陪審團後來判決被告有罪，無精神異常。這樣的判決在上訴法院常常遭到撤銷，因為上訴法院認為檢方沒有負起舉證責任，因此，陪審團不應判決被告有罪。[31]

由於缺乏對於精神疾病與心智缺陷的操作定義，一旦專家證人提出疾病的證據後，檢方只能質疑，這個心智缺陷或精神

疾病是真的嗎？批評者更認為，只要任何列在精神疾病診斷手冊中的精神科診斷，都可以成為證據。

　　1957年的康默・布洛克（Comer Blocker）案，可以凸顯出這個問題。布洛克殺了同居人後遭起訴。他提出精神異常抗辯。三位專家證人作證，一位認為被告沒有什麼問題，另兩位認為被告是「社會病態人格障礙」（sociopathic personality disturbance），而且認為這不是精神疾病。布洛克於十月定罪。十一月他在聖伊莉莎白醫院，兩位工作人員基於行政上的理由，將他的診斷類別歸類為精神疾病，他因此「新事證」提出上訴，宣稱「社會病態人格障礙」現在被認為是精神疾病。上訴法院因此撤銷原判決。[32]

　　梅德認為達倫判決，「由於無法駁斥精神醫學證詞，因此造成精神醫學的專制，以及法庭程序的無政府狀態」，這樣的批評相當激烈而赤裸。1954年達倫判決出現前，在華盛頓特區法院只有百分之0.4的案件因精神異常而獲判無罪，與全國平均值接近，1955年成為百分之1.8，1958年則為百分之3.3，1959年為6.1，1960年成為8.8，1961年則升高至百分之14.4（將近七分之一）。[33]

　　巴瑟隆後來抱怨說，他只是想開一扇門，而不是把鑰匙全權交給精神科醫師。

　　產物法則的缺點在於，對於專業證人或臨床診斷的空白授權。一旦精神疾病或心智缺陷的診斷無法推翻，法律的責任似乎就必然予以免除，很難由檢方來加以推翻。也因為如此，所謂精神疾病或心智缺陷，到底是否要加以設限呢？臨床上所稱

精神疾病或心智缺陷，和法律上所稱可以免除責任的精神疾病或心智缺陷，兩者之間是否可以畫上等號？

對於因果關係或產物的概念，雖然法庭上會出現舊的語言，詢問被告是否可以控制其行為，或是他是否知道自己行為的本性與後果等等。然而這畢竟不是達倫法則所陳述的內容。實際上，一旦專業證人陳述的臨床診斷以現有的證據無法辯駁，檢方或是陪審團也更不容易反駁所謂產物或是因果關係的說法，因為，一旦有了精神疾病或心智缺陷，誰又可以辯駁說行為人的行為，和他或她的精神疾病或心智缺陷並無因果相關？有哪個人的行為，不會受到他或她精神疾病或心智缺陷的影響，不是他或她心智狀態的產物呢？

這正是梅德所指責或質疑的，達倫法則，「由於無法駁斥精神醫學證詞，因此造成精神醫學的專制，以及法庭程序的無政府狀態」。

改變隨之而來。

1962年麥克當諾判決

華盛頓特區上訴法院在1962年的麥克當諾判決（McDonald decision）中試圖修正這樣的問題：[34][35]

> 我們現在的目的相當清楚明瞭：無論法庭或陪審團，都不應受限於專家對於何謂疾病或缺陷所陳述的，為了特定目的所做的定義與結論。

　　精神科醫師可能為了臨床的目的來考量何謂「精神疾病或心智缺陷」，他們關切的是治療，這和陪審團決定犯罪責任時所說精神疾病或心智缺陷，可能相同，也可能不同。

　　因此，我們應該告訴陪審團，精神疾病或心智缺陷包括任何實質地影響心智或情緒程序，或是實質地損害行為控制的任何心智異常狀態（abnormal condition of the mind）。

　　麥克當諾判決首先清楚地說明，對於精神疾病或心智缺陷，在醫學上跟法律上的判準是有差異的。然後，它容許較為寬鬆的精神異常判準，不僅包含認知與情緒的異常，也包含行為控制；再者，不是用全有全無的異常判準，而是容許「實質的」影響或損害。

　　這個新的「達倫－麥克當諾準則」（Durham-McDonald test）從此取代了達倫法則，直到1972年再度為模範刑法典法則取代。[36]

　　在舉證責任部分，法院也不再要求檢方必須提出超越合理懷疑的證據以反駁精神疾病或心智缺陷存在，而可以討論其疾病或缺陷即使存在，其行為是否受到實質影響，因此不是疾病或缺陷存在，就自然無罪。換言之，檢方可以否定精神疾病或心智缺陷的存在，或者是，舉證證明即使存在著精神疾病或心智缺陷，前述情形沒有實質地影響其心智或情緒程序，也沒有實質地影響行為的控制能力。不過，舉證責任仍然在檢方，而

且證據必須達到超越合理懷疑的強度。

然而即使改變如許，在1982年辛克利案件後，舉證責任在於檢方而有利於被告的部分，再度受到各方的挑戰。

1972年華盛頓特區上訴法院判決，使用模範刑法典中關於精神異常抗辯的準則，取代達倫－麥克當諾準則或達倫法則，正式終止十八年（1954年至1972年）的達倫實驗。

典範再臨：模範刑法典法則

美國法律學會所提出的模範刑法典，對於精神異常與責任能力的法則（簡稱模範刑法典法則）是：[37]

（一）：當任何人由於精神疾病或心智缺陷之結果，以致在犯行當時，缺乏感知（appreciate）自己行為之犯罪性、或使自己行為合乎（confirm）法律要求之實質能力（substantial capacity）者，對其犯罪行為不需負責。

（二）：本法條所謂「精神疾病或心智缺陷」，不包括以重複犯罪行為或其他反社會性之行為為其唯一表現之某種異常狀態。

這個法則，在1955年（達倫判決後一年）由美國法律學會提出，之後就廣為各州所引用。其實，這也是死刑議題皇家委員會報告中，所提出的第二個建議，由英國遠渡大西洋而在

美國落地生根的結果。美國法律學會，是由美國法律以及相關專業學者所組成的團體，其目的在於提供英美不成文法的法律體系環境下，經由凝聚共識後形成成文法典，讓各州參酌立法。因此，其所建議的成文刑法，稱為模範刑法典。其對於精神異常抗辯的條文，有時也簡稱為美國法律學會法準則（ALI rule）。

模範刑法典法則，可說是對於馬克諾頓法則與不可抗拒之衝動法則的綜合體或演化形式，但是又在法條的用字上對於認知準則給予較為廣義的理解，例如以「感知」取代「知曉」，對於個人行為賦予情緒與知識上的意義；用「合乎」法律要求，來避免不可抗拒之衝動所造成的誤解；用實質能力，取代全有全無的能力要件。[38]

其實，如果除去字面上的差別，達倫－麥克當諾法則和模範刑法典法則，並沒有基本概念上的差異。[39]最大的差別則來自於後者列舉出一項排除條件，試圖將非精神病狀態，特別是將反社會人格違常或是重複出現反社會行為，完全排除在精神異常抗辯的適用上。

有趣的是，模範刑法典法則首先遭遇到的批評卻來自於法條第二項，即排除所謂反社會人格的條款。有些批評認為，不應該把人格違常或是反社會人格排除在外；相反地，許多意見卻認為，排除人格違常是合理的做法，但是，反社會人格或是精神病態人格，從來不可能是只有反社會行為，或是重複犯罪而已，當然還有其他精神醫學上的表現，所以，這樣的條款，無法達成排除適用的目的。[40]

由於達倫法則對於精神醫學診斷的空白授權所造成的混亂，這種負面例舉或是其他正面例舉的方式，不可避免地成為美國對於精神異常抗辯法則的一種補充方式，雖然在立法或法則中，常常隱而不顯或較少受到討論。正如美國精神醫學會之2007年聲明中列舉，嚴重精神疾病，不只是重大精神科疾病，還包括發展障礙，以及其他原因所造成的心智缺損（例如嚴重頭部創傷），皆是符合精神異常抗辯法律標準的情形。[41]

學者郭德斯坦認為，這是繼馬克諾頓法則後一個新的典範，對於模範刑法典法則或美國法律學會法準則的批評源自於人們希冀一個完美準則的要求，但實際上，法律根本無法達成。精神異常抗辯，就他而言，從來不是要提出醫學的問題。[42]法律本身可以回答，**為什麼**（why）我們要免除人們的刑事責任，但是無法回答，**哪些人**（who）應該免除。精神疾病常常是討論的起點，但是疾病本身確有其不確定性。一位評論者說道：

> 精神疾病的概念，只有在概念的中央核心部分，是界定清楚、毫無爭議的，那就是在如此情形下，其現實感大致受損，無法因經驗的影響獲得修正，例如，當人們混亂、失去定向感或是受幻覺或妄想干擾之際。那是器質性精神病狀態時，是精神分裂症，或是躁鬱性精神病的案例。它們作為心智疾病（disease of the mind）的特徵，不會遭致合理懷疑。
>
> 但是在核心之外，這裡有大量的周邊狀態，可能會

　　或可能不會被認為是心智疾病。精神病態人格，精神官
　　能症（如偷竊癖）或異常性偏好（如暴露狂）是心智疾
　　病嗎？……一位精神科醫師是否願意將這些狀況歸類為
　　心智疾病，比較是基於他本身的哲學立場，而不是因為
　　觀察與理解可以解決的事實問題。

　　臨床上，精神疾病或心智缺陷的診斷或認定，確實已經是
個充滿爭議的主題，正如在「正常」（normality）與「異常」
（abnormality）之間，沒有放諸四海皆準、毫無瑕疵的定義。
如果，這種精神疾病或心智缺陷，又必須置於法律的脈絡下，
來檢視其對於責任能力是否造成明確而嚴重的影響，然後藉此
免除刑責，確實成為一個更為艱難而辛苦的議題。

　　郭德斯坦認為，「精神異常」（insanity）終究是個法律
名詞，所仰賴的法則，必須讓豁免刑責的狀態符合公眾的期
待。過與不及，都可能不被接受。「精神異常」的界定，或許
是要成為醫學與法律之社會目的間的橋樑，讓兩者可以互動。
除非公眾可以接受將精神異常的問題，完全交托給精神科醫
師，否則，它不可成為單純的醫學名詞。而達倫實驗正充分表
示這樣的結果，還不能為社會（陪審團、法官、立法者等等）
接受。[43]

　　1953年英國死刑議題皇家委員會對於馬克諾頓法則提出修
正的建議，委員會報告提出兩個建議，經過大西洋而達到彼岸
美國，第一個建議成就達倫法則，第二個建議成就模範刑法典
法則。當達倫法則實驗失敗，就成為模範刑法典法則擅場之時

代，其風行程度甚至於擴及全球。

　　達倫實驗以失敗收場，但是，十八年的論證思辨，卻激起了許許多多相關的研究與文獻，無論在法學界還是精神醫學界。[44]這項實驗，讓許多程序與實質的問題得到強化，也讓被告的精神狀態獲得前所未有的重視，而審判前的精神狀態檢查，成為例行的程序之一。[45]

　　作為一個失敗的實驗，達倫實驗所產生的效應其影響力之深遠，則是前所未有的成功。

註釋

1　Thomas Maeder: *Crime and Madness: the Origins and Evolution of the Insanity Defense*. Harper & Row, Publishers: New York 1985, p 73-97.

2　Abraham Goldstein: *The Insanity Defense*. Yale University Press: New Haven 1967, p 81. 前書也是引用自*Royal Commission on Capital Punishment, 1949-1953 Report*. Her Majesty's Stationery Office: London 1953 Reprinted 1965. 兩項建議分別見於頁116與頁111。

3　*The Insanity Defense*, p 82.

4　整份報告共十四章，內文為287頁，含附錄則為499頁，有三章專門討論精神異常與犯罪、責任能力等議題，自73-158頁，共計86頁。

5　*Crime and Madness*, p 74.

6　Ibid., p 79

7　這裡為何稱為判決，是因為達倫判決（rule），是上訴法院的裁判者給再審法院審判的依據，換言之，爾後也成為一種判決所依據的法則（rule）。在此可以看到同樣的英文字詞擁有雙重的意涵。筆者盡量在討論該法律事件之裁判本身，使用中文「判決」一詞，而在討論後續概念與準則時，使用「法則」一詞。

8　*Crime and Madness*, p 46.

9　Nigel Walker: *Crime and Insanity in England. Volume one: the Historical Perspective*. Edinburg University Press: Edinburg 1968, p 89-90.

10　張麗卿：〈刑事責任相關之立法修正評估〉。《新刑法探索》，元照出版，台北市，2014，頁43。內文中所稱法國1810年刑法第64條，即所謂拿破崙刑法典第64條。

11　*Crime and Madness*, p 80.

12　Ibid., p 82-84.

13　這醫院位於華盛頓特區市西南區，當時為精神專科醫院，1953年更名為特區總醫院（District of Columbia General Hospital），2001年因預算不足而關閉。

14　聖伊莉莎白醫院自1855年啟用，一直是聯邦所屬的精神專科醫院，位於華盛頓特區市南區。華盛頓特區案件審判後，如果被告因「精神異常而無罪」，就會轉送到該院。對於華盛頓特區而言，地位類似於倫敦過去的貝斯萊姆醫院，以及後來的布洛德莫醫院。

15　達倫該案之二次審判（上訴撤銷原判後，特區法院再審），就是依據所謂「達倫判決」，因侵入住宅與普通竊盜罪判處一至四年徒刑（顯然陪審團不認為精神異常）。這次判決後來又上訴。上訴法院認為，這次審判法官仍有偏見性錯誤，因為法官對陪審團說「如果精神異常而無罪，他會住在醫院中直到精神健全」，但是，他又加上「如果相關單位在這點堅持他們上次的意見，他很快會被釋放」。後面的說法，上訴法院也認為不恰當。於是，達倫三度受審，這次他訴請有罪抗辯。參見*Crime and Madness*，頁84註解。

16　*Crime and Madness*, p 85. 原文為：「An accused is not criminally responsible if his unlawful act was the product of mental disease or defect.」

17 *The Insanity Defense,* p 83.

18 Ibid., p 245, note 8. 原文為：「We use 'disease' in the sense of a condition which is considered capable of either improving or deteriorating. We use 'defect' in the sense of a condition which is not considered capable of either improving or deteriorating and which may be either congenital, or the result of injury, or the residual effect of a physical or mental disease.」

19 Ibid., p 83.

20 Crime and Madness, p 85-86.

21 *Crime and Madness,* p 86.

22 Ibid., p 86.

23 *The Insanity Defense,* p 84.

24 *Crime and Madness,* p 87.

25 *The Insanity Defense,* p 84-85.

26 Ibid., p 85.

27 *Crime and Madness,* p 87-88.

28 *The Insanity Defense,* p 86.

29 *Crime and Madness,* p 89-90.

30 根據美英法，「舉證責任」（burden of proof）可以區分為**提證責任**（burden of producing evidence）與**說服責任**（burden of persuasion）。提證責任係指向法庭提出證據的義務，若無法提出，則無須經實體審理而得以做出不利之判決。依據美國法，說服責任又在證據的強弱程度上，分為「超越合理懷疑」（beyond a reasonable doubt）、「明確而可信服證據」（clear and convincing evidence）以及「優勢證據」（preponderance of evidence）三種。優勢證據是指對於待證事實，存在較不存在更為可能，而超越合理懷疑則必須說服裁判者至確信無合理懷疑其主張可能為不實的程度。明確而可信服證據則介於兩者之間。參見王兆鵬：〈舉證責任〉。《美國刑事訴訟法》，元照：台北市，2004，頁527-8。此處所說，嚴格上應包括提證責任以及說服責任兩者，由於實際討論時，兩者常常必須接續說明，因此，不加區分時，就統稱舉證責任。

31 *Crime and Madness,* p 90-91.

32 Ibid., p 91-92.

33 Ibid., p 92-93.

34 Ibid., p 94.

35 *The Insanity Defense,* p 86. 註解32及33各自引用部分原文，判決之原文為：「Our purpose now is to make it very clear that neither the court nor the jury is bound by *ad hoc* definitions or conclusions as to what experts state is a disease or defect. What psychiatrists may consider a "mental disease or defect" for clinical purposes, where their concern is treatment, may or may not be the same as mental disease or defect for the jury's purpose in determining criminal responsibility. Consequently, for that purpose the jury should be told that a mental disease or defect includes any abnormal condition of the mind which substantially affects

mental or emotional processes and substantially impairs behavior controls.」

36　*Crime and Madness,* p 95-6.

37　參見*Crime and Madness,* 頁 97. 以及*The Insanity Defense,* 頁87. 模範刑法典在1955年該會年
　　會提出，供會員提供意見，1962年正式出版，但還是稱為草案（draft）。因此，引用
　　者常將兩個年份合併呈現（1955/1962）。原文為：「(I) A person is not responsible for
　　criminal conduct of at the time of such conduct as a result of mental disease or defect he
　　lacks substantial capacity either to appreciate the criminality of his conduct or to confirm
　　his conduct to the requirements of law. (II) As used in this Article, the terms "mental disease
　　or defect" do not include an abnormality manifested only by repeated criminal or otherwise
　　antisocial conduct.」

38　*The Insanity Defense,* p 87.

39　*Crime and Madness,* p 97.

40　*The Insanity Defense,* p 88.

41　American Psychiatric Association: *Position Statement on the Insanity Defense,* 2007. 而該聲明的
　　註解中說明所謂「嚴重精神疾病」的種類。

42　*The Insanity Defense,* p 89.

43　Ibid., p 90-91.

44　*Crime and Madness,* p 96.

45　*The Insanity Defense,* p 84.

【第四章】以疾病之名：局部精神異常與單一狂躁症

精神異常：宛如野獸或全然瘋狂？

瘋癲（madness），或是醫學上的精神異常，到底是什麼樣態？在孩童或野獸的類比中，有哪些相似處？又有哪些是全然相異的？

對於瘋人責任的判定，由比擬為野獸（like-a-wild-beast，宛如野獸），缺乏理性，到比擬為孩童（14-year-old-child，十四歲孩童），缺乏簡單的能力（計算、辨識父母和閱讀信件），到缺乏記憶力、缺乏區辨對錯善惡能力，都構成了早期各種嘗試建立的準則與觀點。

1724年，艾德華・阿諾槍擊湯瑪士・昂斯洛勳爵案件，審理法官崔西指引陪審團時所稱的精神異常，正反映著其時的觀點：[1]

> 由於上帝的懲罰，他無法區辨善與惡，不知曉自己
> 所為，雖然他犯下最重的罪行，但是無論所犯法律為
> 何，他都不是有罪的：因為，罪責來自於心智，來自於
> 人的惡意與企圖……並不是所有擁有瘋狂或匱乏體液的

人，都可以免受公平正義責罰……必須是一個人完全缺
乏理解與記憶力，不知自己現在所為，宛如嬰兒、畜
牲、野獸一般，才不會是處罰的對象。因此我必須讓各
位去考慮，座前這個人呈現給你們的，是屬於哪一方。
這個人是否呈現他知曉自己所為，可以區辨他自己所為
是善是惡，而且了解自己所為之事。

　　宛如嬰兒孩童，宛如畜牲或野獸，正是在精神鑑定專家證
人沒有出現之前，一般人或法官都可以無異議地接受，免除刑
責的精神異常狀態。這樣的人，當然完全缺乏理解與記憶力，
更不可能知曉對錯、區辨善惡，當然不應處以刑罰。
　　海特菲爾德案件裡，辯護律師厄斯金爵士指稱總檢察長所
認為的精神異常，也是這樣的概念：[2]

　　　因此，這些不幸的病人，除了在很短暫的時間之
外，無法意識到外在事物，或者，至少是完全無法理解
外在事物之間的關係。這樣的人，也只有這樣的人，除
了癡愚者外，依據總檢察長所表達的意思，才是完全地
缺乏理解力。但是，這樣的案例不只極為少數，也從來
不可能是司法難題的對象。對於他們的狀況，判斷只有
一種。

　　這正是當時的法律人或是一般人，對於精神疾病或是精神
異常的主要想像：精神異常，一定是全面性，極度狂亂，或者

宛如野獸，宛如孩童，無法理解，無法記憶。事實上，多年後的今天，我們仍然要面對這樣的提問與質疑。

　　而精神醫學的興起，精神鑑定專家證人的出現，就是要告訴其他人，答案常常並非如此。

精神異常的各種樣貌

　　當時的精神科醫師正力圖說明許多精神異常的樣態，例如，部分患者功能表面上尚稱良好，其他則出現問題，必須仔細觀察，不能也不應該再使用野獸或孩童的比喻來辨別。

　　作為法律人的厄斯金，其實是最早在法庭上試圖提出修正觀念的先驅者。厄斯金認為，實際上（特別是涉及犯罪的）精神異常者，鮮少完全精神錯亂到不知道自己的名字、自己的家人，而且這樣的人——如果真有如此之人——也很難犯下罪行。他說道：[3]

> 不同完全癡愚者，理性並沒有遭到驅離，但是滋擾卻進駐在理性之旁，竄動不休、凌駕其上，使理性無所適從，無法節制。

他又說：[4]

> 當論及一般人所及的概念時，這樣的人往往可以擁有清明的理性：他們的結論是公正的，而且相當深入，

> 但是形成結論的前提，如果在瘋狂所涉及的範圍內，就
> 是完全錯誤：並不是因為知識與判斷缺損所造成的錯，
> 而是由於妄想的意念，所謂真實的精神異常所伴隨而生
> 的部分，逼迫著被壓制的理解力所致。因為無法意識
> 到，所以無法抵抗。

厄斯金認為，一位實際上精神異常的被告，或許可以完美地表達道德與法律上的純正，但是無法正確地將這些標準運用在自己的行為上，因為他對於事物的感受有根本的錯誤。

換言之，如果精神異常不是那麼容易辨識，不是宛如野獸，也不是宛如孩童，學者們所宣揚的觀念都可以提出令人接受的論點，那麼，疾病的真實樣貌，又是如何？我們又如何判斷誰是精神異常？

單一狂躁症

隨著十八世紀末到十九世紀精神病院的誕生，精神疾病患者開始集中在精神病院或當時的治療機構中，醫師也逐漸掌握了這些原本在中世紀晚期由宗教組織所創始的各種機構，並且藉由長期的觀察，病患的各種型態與樣貌逐漸一一呈現。這些正是精神醫學史家羅伊・波特（Roy Porter）所說「精神醫學的溫床」（seedbed for psychiatry），精神病院並不是為了精神醫學實作而設立的機構；相反地，乃是先有精神病院的存在，而後為了處理其中的病患，才有精神醫學的發展。[5]

　　在歐美國家中，精神醫學都是在1800年後才逐漸為社會大眾所認識，但是當時社會對精神醫學的見解多抱持不信任的態度，一直到十九世紀中葉，當精神病院醫師逐漸成立專業組織、專業期刊，才漸漸確立了精神醫學的專業地位。[6]

　　隨著專業興起，專業意見的發展也應運而生。比方疾病的診斷與分類，精神病院病患所提供的豐富臨床案例可以讓醫師根據症狀的不同，區分出各種精神疾病並累積觀察資料，從而發展出新的分類與診斷方式。[7]而不同於傳統的宗教觀念，對瘋狂或精神疾病的病因，無論是身體論、機械論，還是心理學式的解釋，也逐漸興起。[8]

　　對於司法精神醫學而言，最重要的觀念恐怕是首先認識到嚴重程度之輕重，以及疾病過程之不同，都會隨著時間而有所變化。因此，精神疾病或涉及法律責任的精神異常，有間斷性，也有多樣性。而人的心智，也不只有知或認知的層面，應該還有情緒以及意動，而且，彼此之間互相影響，相互交涉。[9]

　　十八末世紀法國精神醫學先驅者菲力普・皮納（Philippe Pinel, 1745-1826）在他的精神疾病分類中提到，有一類精神疾病是「沒有妄想或錯亂的狂躁」（mania without delusion）[10]。借用現代或是較為白話的用語，可以表達為，「沒有明顯怪異妄想、錯亂或是狂暴狀態的精神異常」。皮納注意到有許多在巴黎總醫院內的精神病患並沒有呈現明顯的認知或判斷力障礙（如果用現代的診斷概念來說，可能是處於緩解期或半緩解期的躁症或憂鬱症患者，或者是妄想症，或者是

妄想型精神分裂症患者）。

皮納的學生尚－艾帝南‧多米尼克‧艾斯基霍（Jean-Étienne Dominique Esquirol, 1772-1840）更進一步，提出了所謂**單一狂躁症**（monomania）或是**局部精神異常**（partial insanity），或是**局部錯亂**（partial delirium）的概念。他認為，並不是所有的精神疾病都會影響「知」（認知：智能、思考、知覺等等）、「情」（情緒）、「意」（意動：行為、衝動、活動能量等等）三個層面。精神疾病可以依據知、情、意各自的受損來區分成：智能性單一狂躁症（intellectual monomania）；情感性單一狂躁症（affective monomania）；意動性單一狂躁症（volitional monomania）。

他指出：[11]

> 單一狂躁症與病態哀悼症是慢性的大腦病變，不會伴隨著發熱現象，特徵是智能、情緒或意志有局部的損傷。剛開始時，這類智能上的疾病只針對某個主題或是局限在一些主題之上。患者執著於一個錯誤原則，並由此推演出合理的結論，進而影響他們的情緒、行為與意志。除了局部錯亂之外，他們的思考、理解與行為與常人無異。

艾斯基霍所說的智能性單一狂躁症在症狀（橫斷面）上，相當類似現代所稱偏執（paranoia）或妄想症（delusional disorder）。他同時也列出其他的診斷，例如

情感性單一狂躁症有所謂病態哀悼症（lypemania）、愛慾妄想症（erotomania）；意動性單一狂躁症，如偷竊癖（kleptomania），或縱火癖（pyromania）等等。

單一狂躁症這個疾病分類或概念的提出，補足了過度或單純以認知層面的障礙，來界定精神異常或精神疾病的偏見，也適度矯正了把妄想等同於精神異常的偏狹觀點。單一狂躁症，這個在當時相當新潮但是概念建構尚不足的診斷名稱，確實也讓精神疾病的種種樣貌，拓展到許多層面上。

但是由於單一狂躁症的界定有些模糊，再者，精神科醫師的確也將這個概念無限上綱到許多不尋常的行為上，甚至於只要有單一症狀或行為，就認為是一種精神疾病，然後加上mania這個字，就誕生出一個新的疾病名稱，其中最極端的例子就是所謂的殺人狂躁症（homicidal mania）的提出。

昂希妲‧葛尼耶與殺人狂躁症

1825年十月二十七日，二十七歲、遭先生遺棄、育有兩個小孩的母親昂希妲‧葛尼耶（Henriette Cornier），當時是巴黎某家庭的女僕。過去六個月以來，她從興高采烈的情緒變成哀傷、深沉、寡言的狀態，使她因此丟了前一個工作。這種憂鬱狀態讓她曾經在九月裡將頭伸出陽台欄杆企圖跳下，幸好路人經過看到這景象，威脅著要叫警察逮捕她，才讓她停下來。她向自己的表親透露這次自殺企圖，然後對方趕緊幫她找到案發前這份工作。[12]

　　她擔任女僕的房子隔壁有間雜貨店，由貝隆（Belon）先生和女士經營。夫妻有兩個小孩，分別是十九個月大的芬妮（Fanny）和奶媽帶的嬰兒。昂希妲對芬妮很著迷，她常常會撫摸並讚美小女孩。

　　十一月四日，她的女主人照往常外出散步，外出前交代昂希妲去買些晚餐用的乳酪。昂希妲在下午一點十五分抵達雜貨店。貝隆女士手上抱著芬妮，昂希妲幫她把小孩抱過來，口中還唸著，可惜自己都沒有這麼甜美的女孩。事後她承認，自己老早就計畫好了。貝隆女士說到，天氣很好，或許應該去走一走。昂希妲鼓勵她出去，還說自己會把女孩帶回自己住的地方照顧。貝隆女士有點擔心，但是先生鼓勵她出去走走，昂希妲邊親吻著芬妮，一邊就把小孩帶走了。

　　回到隔壁，昂希妲直接到廚房拿了一把大刀，然後回到一樓自己房間裡。她在樓梯底遇到女門房，門房還看到她很親密地摟抱著芬妮。

　　回到房間，她將芬妮放在床上，一手壓著頭，另一手將她用刀切開。小女孩還來不及出聲便鮮血四濺，噴撒在床上、昂希妲身上，還要用便壺來接流下來的血，昂希妲將小女孩的頭和身體放在窗沿。

　　她事後回憶說，當時沒有情緒，也不害怕，並不喜悅，也沒有痛苦。這不是激動下的作為，而是相當精確地完成這惡行。只有在血濺到身上的那一刻，她感到顫動。**他們會殺了我**，當時她想到。**殺人者，就該死**。她以前想過，只有在現在真的做了，才感到害怕。她躲進主人的房間裡，那時已經下午

兩點了。

後來，她聽到貝隆女士叫喚她的孩子，她大聲回答，她死了。貝隆女士衝過來，推開擋在中間的昂希姐，衝進昂希姐的房間，隨後傳來貝隆女士令人毛骨悚然的尖叫。

出去，快跑，妳可以當證人，昂希姐喊叫著。隨後她將女孩的頭丟出窗外。貝隆先生被妻子的喊叫驚動，跑到隔壁來，然後在水溝中撿起差點被馬車壓到的女孩頭顱。

在警察到達前，昂希姐呆僵地杵在房間裡。她承認預謀殺人等等所有犯行。但是，昂希姐說，沒有動機，沒有情有可原的藉口，就是突然有這個想法，這是她的命運，她必須這麼做。為什麼把頭丟到窗外去？她自己自問自答說著，這樣就毫無疑問地有罪了。

專家證人：精神科醫師出庭

1826年之前，法國法庭很少需要醫師到庭陳述關於被告精神狀態的意見。雖然1810年的拿破崙刑法典第六十四條如是說：[13]

> 被告於行為時精神異常，就沒有犯罪或犯行。

但是法庭上，所謂精神異常，是指「對於生活中最常見事務以及所有人都會同意之事，做出虛假或錯誤的判斷」，而缺乏「所有人普遍擁有的判斷事務的資質」。同樣地，法庭相當

仰賴鄰人、熟識者的證詞，來決定精神異常與否。[14]

不僅是法國如此，回顧英國，所謂專家證人的身分也是在數次審判中才逐漸確立。實際上，在十八及十九世紀前後幾個案件中，專家證人的出庭與否，也不見得是必要程序。阿諾、費勒斯伯爵以及貝林罕案件，我們都看不到精神科醫師或專家證人的角色；海特菲爾德案件，多虧了滔滔雄辯又富詩意的厄斯金辯護律師；而奧斯福與馬克諾頓案件，專家證人都是由辯方提出，檢方只有一般證人。

我們也可以發現，所謂**鑑定人**或**專家證人**的角色與職權也不太清楚，例如，馬克諾頓案審判過程裡，辯方提出四位醫師作證並且經過詰問，檢察官陳述意見後，廷鐸法官認為證據都傾向一方，甚至還不太中立地指出，兩位在旁觀察的醫師，「既不屬於哪一方，更是強而有力的證詞」這種說法。[15]沒有親自診視病人或被告，就在法庭上發表對於特定個案的觀察與醫學意見，在現代法庭上，通常只能成為一般性的參考資料或醫學常識，不太可能成為被告精神狀態的有力證詞。

艾斯基霍以及學生吉爾傑（Etienne-Jean Georget, 1795-1828）所提出的單一狂躁症，正好說明這種仰賴鄰人或路人甲的程序，無法真正了解精神異常，而且經過昂希妲案件出庭吉爾傑醫師的倡導，以及零星案件的出庭證言，讓法界與公眾有了不同的想像。

1826年，昂希妲接受審判，巴黎萬人空巷，就如同之後馬克諾頓在倫敦受審時，各方高度關切一樣。[16]這次出面成為專家證人的是當時精神醫學祭酒艾斯基霍的弟子吉爾傑。在

法庭中，吉爾傑認為昂希妲患了「殺人狂躁症」，不應該遭到判刑。吉爾傑引述老師關於局部精神異常以及單一狂躁症的說法，最後陪審團判定無罪（但昂希妲須終身承擔苦役，這點與當時的英國並不相同）。吉爾傑尚且認為這種冷酷無動機的犯罪行為，正是精神異常的表徵，一般人根本無從得知與辨別，所以，這時應立即召請醫師鑑定，如同英國的審判程序一樣（他所指的應該是1800年厄斯金辯護的海特菲爾德案件，因為1812年貝林罕案件，專家證人並沒有上場）。

既然精神異常未必於認知上呈現明顯異常，那麼，不僅是精神疾病的辨認與診斷，就必須仰賴熟悉精神疾病各種樣貌的醫學專家，同樣地，馬克諾頓法則這種過於仰賴認知準則的見解而無法容納精神疾病各種樣貌的準則，自然也顯得不合時宜。因此，更不能仰賴鄰人或路人甲的觀察了。

實際上，1838年美國精神醫學的先驅者艾薩克・雷所發表《論精神異常之醫學法律》一書，就深深受到當時法國精神醫學概念以及昂希妲・葛尼耶案件的影響。

雷舉出所謂「局部道德狂躁症」（partial moral mania）：[17]

這種型態的精神異常，其錯亂局限於一種或多種情感功能，其餘的道德或智力結構維持它原有的整體性。腦部整個機體任何部位活力的提升，必然會使得與其有關的功能展現出活動力與能量的增加，甚至於達到無法加以控制的高度，如同一個盲目或本能的衝動所造成的

影響。因此我們看到受影響的功能，促使一個人依循無
法抗拒的本能去行動，然而他同時還意識到自己不合宜
的行為，甚至於對自己所為感到厭惡，卻有意而繼續地
追逐。並非出於罪惡的異常誘惑，反倒是竭盡所能來避
免罪惡，在顯然處於理性的完全掌控之下，他卻犯下一
項對他自己或其他人而言都令人費解的罪行。

這疾病樣態，強調的是理性、智力或道德感沒有明顯的缺
損，但是，情緒或行為的控制或者是衝動性，卻出現無法抗拒
的異常。

這樣的辯護正是針對當時法律人或是一般人，對於精神疾
病或是精神異常的主要想像：精神異常，一定是全面性、極度
狂亂。

局部精神異常與妄想準則

1724年，愛德華・阿諾案件，審判法官崔西引用馬修・赫
爾經典《英國法庭答辯的歷史》：[18]

有些人，對於某些事務有能力運用理性，但是在某
些情境之下，則有特定的痴呆狀態……這種局部精神異
常，似乎不應該免除其罪……我可以想到最好的準則
是，在黑膽質性情緒失調的影響下，還是具有尋常十四
歲孩子所具有的理解能力，那這個人面對叛國以及重罪

犯行時，就是有罪的。

由此可見，局部精神異常，早在馬克諾頓法則確立前就有此概念。

如果說，單一狂躁症是精神醫學對於引起精神異常的各類疾病，一種新的認識與診斷分類方式，那麼，局部精神異常（partial insanity）[19]、局部妄想（partial delusion）所涉及的，比較不是疾病的名稱，而是指相對於極度混亂、眾人都沒有異議的精神異常狀態，所謂的局部精神異常就是不是極度混亂的精神狀態，通常還保留著部分的認識與辨別能力，或者是說最顯著的例證之一，是在妄想所涉及的部分之外，病患或許還沒有明顯的異常現象。

局部精神異常（partial insanity）

此概念早在十八世紀之《英國法庭答辯的歷史》中就已出現。所謂的局部精神異常就是未呈現極度混亂的精神狀態，通常還保留著部分的認識與辨別能力，最顯著的例證之一，是在妄想所涉及的部分之外，病患或許還沒有明顯的異常現象。實際上，多數精神異常現象，都是「局部」精神異常。

然而，這卻也是多數嚴重精神疾病患者的樣態。

1843年馬克諾頓案的辯護律師克本相當明瞭，相對於之前海特菲爾德明顯的混亂狀態，對多數人而言，馬克諾頓顯得正

常許多。與奧斯福案例類似的則是，馬克諾頓也是有著妄想，和無法抗拒的妄想或疾病衝動。

克本在不厭其煩地引述之前的判決以及各種權威人士，從法律學者赫爾到美國醫師艾薩克・雷的近期著作，一直到海特菲爾德案件、厄斯金爵士的辯護等等的意見後，做出這樣的結論，藉以引導出之後的人證與專家證詞：[20]

> 藉由這些權威人士的證詞，我相信我已經向你們充分證明，局部精神異常可以是如此，它會造成道德感與情緒的部分或是完全變異，之後造成這位可憐的病患無法抗拒其妄想，使他犯下道德上無法負責的罪行。

克本完全清楚馬克諾頓是局部精神異常，在當時英國的社會觀念下無法免除罪責，但是他卻做出這樣的推論：局部精神異常可以達到完全精神異常的後果，造成道德感與情緒的完全變異，因此無法抗拒其妄想的衝動，而無法負責。

克本很清楚，如果光只談妄想衝動，1800年的海特菲爾德案雖然得到無罪判決，但是那是基於海特菲爾德本人除了妄想之外，其精神狀態也是相當混亂，很容易說服陪審團；兩年後1812年貝林罕刺殺首相史賓賽・柏西法案，妄想準則卻不被接受。接著1840年奧斯福刺殺女王案，陪審團接受法官所說的、精神異常而無罪的條件是：「妄想，以及所伴隨的疾病衝動」的指引，又再度得到肯定。

當然也不得不留意到，辯護律師厄斯金的滔滔雄辯，並且

利用陪審團對一位立有戰功老兵的同情心，還有被害人並未受傷等等原因，這些因素都可能讓陪審團採取較寬容的想法，而不見得是認同嚴格的妄想準則。

換句話說，克本認為海特菲爾德案雖然表面上是妄想準則受到陪審團青睞，但是被告整體上的精神錯亂狀態、傑出的辯護以及獲得多數人同情的悲慘戰爭經歷等等因素綜合起來，或許才是被判定無罪的原因。對於大多數陪審團成員或者是法官來說，如果是一位能言善道、外表上看起來神智清楚的被告，實在不容易被認定為精神異常。

克本的辯護策略就結果而言，算是非常成功。馬克諾頓雖無罪，但是，如果法庭或是陪審團針對「局部精神異常」是否可以豁免刑責加以詳究，則馬克諾頓應該早就上了絞刑台。還記得之後廷鐸大法官在事後對於貴族院所提的第四個問題「如果一個人，在異常妄想影響之下，將妄想當成現實因而犯下罪行，他們是否可以免除刑責？」，其回答是如此：[21]

> 要回答這個問題，必須依妄想的特質為何而定：但是，我們先前已有這樣的假設，就是，如果他只有受到部分妄想的影響，在其他層面並無精神異常，我們必須設想，他在其妄想如果為真的情形之下，他是否應負責任。舉例而言，如果在妄想的影響之下，他認為另一個人企圖奪走他的生命，他殺了這個人，這是出於自衛，他可以免受處罰。如果他是認為，這位死者造成他人格與財富的重大損害，他殺害對方以為報復，那他應該受

到處罰。[22]

精神科醫師持反對立場的原因在於，如果認同這項法則的基本假設，即表示有妄想的病人，可以在如此侷限之處受到影響而已，而其他部分，如現實的自我覺察以及自我控制部分皆完好無缺。而這樣的看法，普遍影響法律人或法官的見解。[23]這種看法，正是當時法律界以及廷鐸大法官針對妄想準則所做的回應。

回顧厄斯金的主張，他認為精神異常的檢定準則，不應該是思考能力，或只是察覺對與錯，而是妄想的有無：[24]

> 當論及一般性的概念時，這樣的人往往可以擁有清明的理性：他們的結論是公正的，而且相當深入，但是形成結論的前提，如果在瘋狂所涉及的範圍內，就是完全錯誤：並不是因為知識與判斷缺損所造成的錯，而是由於妄想的意念，所謂真實的精神異常所伴隨而生的部分，逼迫著被壓制的理解力所致。因為無法意識到，所以無法抵抗。

妄想，也是局部精神異常，或者是局部認知狂躁（partial cognitive mania）的一種情形。除了妄想，其實也伴隨著妄想而來的疾病衝動，而這種衝動是無法抗拒的。正如奧斯福案件中，丹曼大法官所言：

> 如果一個人被內在某種疾病所控制，而此種疾病是
> 其行為的真實動力，他無法抗拒，那被告不須對其行為
> 負責。[25]

　　海特菲爾德案以及奧斯福案，陪審團都接受妄想以及所伴隨的衝動可以超越理性的控制，而得以豁免刑責。它們並沒有針對是非對錯的準則來衡量，同時也迴避了局部精神異常的命題困境。

　　於是乎，馬克諾頓案件的法官與陪審團，認為馬克諾頓是因為妄想以及所伴隨的衝動之精神異常而無罪，並未觸及局部精神異常是否只能因為出於自衛而無罪。這個基於自衛或不得不為之的限制，可以適用於海特菲爾德（自己會造成世界的毀滅，因此讓自己滅亡以拯救世界，由於宗教信仰無法自殺，只好讓自己刺殺國王以受死），但是應該無法適用於奧斯福（自己是革命組織的一員，對英格蘭有相當超越現實的規畫）與馬克諾頓（自己受到托利黨政府迫害且自認走投無路，只好刺殺身為托利黨首腦的首相）。

　　換言之，局部精神異常如果只能因出於自衛才認定是無罪，那麼馬克諾頓根本不適用。正如精神醫學對於傳統上局部精神異常觀念的抨擊，這樣的說法忽視了其情緒與行為控制的缺損，或者是說，忽略了疾病所造成無法抗拒的衝動。

　　無怪乎，海特菲爾德案的辯護律師厄斯金在馬克諾頓案件後評論，連馬克諾頓自己都無法符合馬克諾頓法則。[26]

典範轉移：診斷概念的改變

　　就現代的觀點來看，昂希妲‧葛尼耶可能是一位躁鬱症（manic-depressive illness）或是所謂的雙極性情感性疾患（bipolar affective disorder）的患者，病患呈現重度鬱期或躁期，合併虛無或其他精神病症狀，而後出現自殺企圖與殺人行為。認為昂希妲‧葛尼耶是「單一狂躁症」或是「殺人狂躁症」，就現在來看或許引喻失義或是不知所云，但是，若因此就逕自認為，機構性精神醫學的興起，是成長中的工業社會為了使自身運作更為平順，而採用的一種新獵巫或社會控制策略，則也流於過度簡化。[27]

　　正如卡爾‧馬克思（Karl Marx）所言：

> 　　人們自己創造自己的歷史，但是他們並不是隨心所欲地創造，並不是在他們自己選定的條件下創造，而是自直接碰到的、既定的、從過去承繼下來的條件下創造。一切已死的先輩的傳統，像夢魘一樣糾纏著活人的頭腦。當人們好像剛好在忙於改造自己和周圍的事物並創造前所未聞的事物時，恰好在這種革命危機時代，他們戰戰兢兢地請出亡靈來為他們效勞，借用它們的名字、戰鬥符號和衣服，以便穿著這種久受崇拜的服裝，用這種借來的語言，演出世界歷史的新的一幕。
>
> 　　就像一個剛學會一種新語言的人總是要把它翻譯成本國語言一樣；只有當他能夠不必在心裡把新語言翻譯

成本國語言，當他能夠忘掉本國語言來運用新語言的時候，他才算領會了新語言的精神，才算是運用自如。[28]

建立新的診斷與分類語言後，精神科先驅者用「單一狂躁症」此一概念或診斷來對抗傳統上認定為全有全無的瘋狂觀念（這個過往的夢魘），獲得初步勝利，也讓「局部精神異常」（過去的亡靈？）得以免除刑事責任的主張，逐漸推廣進而獲得認同。但是，「單一狂躁症」這個概念卻有許多問題，包括診斷上過於套套邏輯、缺乏嚴謹的界限與統一的定義，因此到了十九世紀末二十世紀初，已經完全被新的分類學所取代。而即使是「局部精神異常」的概念，也相當容易讓人們誤解，因為「局部」的精神異常，代表著其他領域「完全正常」，而背離了臨床上所觀察到的現象。

十九世紀末，單一狂躁症的概念逐漸被許多人批評，而主流精神醫學界也並非缺乏反省，而艾斯基霍的弟子，尚－皮耶・法勒黑（Jean-Pierre Falret, 1794-1870）（論述躁鬱症的學者之一）撰文批評此一診斷，班尼狄克－奧古斯丁・莫黑爾（Benedict-Augustin Morel, 1809-1873）（最先命名早發性痴呆的學者）則完全否認該診斷或疾病的存在價值。臨床上，也逐漸被其他診斷所取代。[29]

其實昂希姐・葛尼耶案，正顯示這門初創的精神醫學急於在醫學法律場域裡展現專業。單一狂躁症不全然是個錯誤的概念或命名。對於明顯的精神錯亂或異常行為，法律人、民眾與精神醫學專家在概念上不容易產生落差。但是，當早期精神醫

學先驅者發現許多病人呈現的問題常無法為人所理解，又當病患涉及犯罪行為時，還必須負擔其或許不該負擔的責任，於是，「單一狂躁症」便以新進但不成熟的醫學名詞，企圖向社會發言。

縱使，對於所謂單一狂躁症的概念，精神科醫師在診斷分類上犯了過度推論或是過於將特殊行為疾病化的錯誤，然而重要的是，精神疾病具有多樣而不易捉摸的呈現，在病人遭受真切而多樣的困擾與痛苦，無法為世人理解，醫師苦惱於無以名之的當時，這些困境與痛苦，卻不會因精神醫學的偏執或失誤而消失。

單一狂躁症，已經為現代精神醫學廢棄而遺忘，而成為文學名詞。局部精神異常，偶爾還是在醫學法律的文獻中呈現，不過，常常混淆著古典文字與翻譯上的歧異與相伴隨的概念混亂。[30]關於精神異常抗辯的審判中，作為專家證人的精神科醫師，最常見的挑戰卻持續存在：那位犯下重大惡行，看似正常，或是能言善道，怎麼看起來都不是胡言亂語的被告，為何是「精神異常」呢？

在某些情境之下，我們所要挑戰的，依舊是宛如野獸法則、十四歲孩童法則、記憶力法則以及完全狂亂法則。我們被詢問的，與二百年前在海特菲爾德以及馬克諾頓案件所遭遇到的可能並無二致，還可能是：事先有預謀嗎？事先有計畫嗎？為何事後逃跑或躲避追捕？為何他還有判斷某某事情的能力？如果是這樣，他怎麼還能完成這件事？為何他還會否認犯罪？如果是這樣，怎麼可以說是「完全」的精神異常？

這時，總是會讓人想起厄斯金大律師的這段話，他嚴辭抨擊總檢察長（以及許多人）所認為的精神異常，只有以下這種情形：[31]

這些不幸的病人，除了極短暫的時間之外，無法意識到外在事物，或者，至少是完全無法理解外在事物之間的關係。這樣的人，也只有這樣的人，除了癡愚者外，依據總檢察長所表達的意思，才是完完全全地缺乏理解力。但是，這樣的案例不只極為稀少，也從來不可能是司法難題的對象。對他們的狀況，判斷只有一種。

而以疾病之名，精神鑑定醫師要告訴法庭的，正是：**因精神異常而無罪者，不應該只限於如此這樣的人。**

精神醫療在十九世紀初逐步建立的專業使精神科醫師得以步入法庭，成為法庭上的專家證人，屢次招致爭議甚至數度挫敗，後來經過許久才逐漸再度受到肯定。但是，過往歷史裡的衝擊與質疑，每每在高度受矚目（high-profile）的案件中再度出現，例如：刺殺美國雷根總統的辛克利案，或是挪威奧斯陸烏托島的恐怖屠殺。

註釋

1　Nigel Walker: *Crime and Insanity in England. Volume one: the Historical Perspective.* Edinburg University Press: Edinburg 1968, p 56.

2　引自Lord-Chancellor Erskine: *Speech in Defence of Hadfield, 1800.*

3　Thomas Maeder: *Crime and Madness: the Origins and Evolution of the Insanity Defense.* Harper & Row, Publishers: New York 1985, p 13.

4　Ibid., p 13-14.

5　Roy Porter: *Madness: A Brief History.* Oxford University Press: New York 2002, p 100. 中譯本，巫毓荃譯：《瘋狂簡史》。左岸文化，臺北縣新店市，2004年，頁109。

6　Ibid., p 153. 同上，頁153。

7　Ibid.,p 135. 同上，頁139。

8　Ibid., p 123-132. 同上，頁130-138。

9　*Crime and Madness,* p 38.

10　這字詞法文應該是maniesansdélire，於皮納著作英文版中翻譯成「mania without delusion」。綜觀十八世紀描寫精神狀態的言語字句裡，所謂，妄想（delusion）、精神異常（insanity）、癡呆（dementia）、狂躁（mania）都可能是指稱類似的情形：極度混亂，無法對外界反應的瘋狂狀態。在法語中，délire轉譯成英文，同時包含譫妄（delirium）與妄想（delusion）的兩個不同意義；譫妄或錯亂（delirium），通常會合併發熱的情形，比較類似現代醫學中腦炎，或感染後出現意識模糊與精神病症狀，因此多半有發熱情形。實際英文翻譯時，由於délire並沒有完全對等的英文字詞，因此délire時而翻成delusion，時而翻譯成delirium。在本書中，如果英文delirium原意為法文之délire，筆者會將delirium翻譯為「錯亂」而非現代用語「譫妄」；如果英文delusion原意比較接近法文之délire，筆者會將其翻譯為「妄想或錯亂」。

11　Jean Esquirol: *Mental Maladies: A Treatise on Insanity.* From "Des maladies mentales", 1843. Translated by E K Hunt with additions, Lea and Blanchard: Philadelphia, 1845. Reprinted in The Classics of Medicine Library: Birmingham 1987, p 320. 原文為：「Monomania and lypemania, are chronic cerebral affections, unattended by fever, characterized by a partial lesion of the intelligence, affections, or will. At one time, the intellectual disorder is confined to a single subject, or a limited number of objects. The patients seize upon a false principle, which they pursue without deviating from logical reasonings, and from which they deduce legitimate consequences, which modify their affections, and the acts of their will. Apart from this partial delirium, they think, reason and act, like other men.」

12　這個案件在許多著作中都曾描述，例如著名的精神醫學史思想家與哲學家，米榭‧傅柯（Michel Foucault, 1926-1984），多次在其著作中提到本案例。這裡主要引用自 Lisa Appignanesi: *Mad, Bad and Sad: A History of Women and the Mind Doctor.* WW Norton Company: New York 2008, p 72-74.

13　*Crime and Insanity in England. Volume one,* p 89-90.

14　Jan Goldstein: *Console and Classify: The French Psychiatric Profession in the Nineteenth Century.* Cambridge University Press: Cambridge 1987, 162-163.

15　The Queen v. Daniel McNaughton, 1843 State Trial Report. *In Daniel McNaughton: His Trial and the Aftermath.* Edited by Donald J West & Alexander Walk. Gaskell Books: London 1977, p 71.

16　*Mad, Bad and Sad,* p 74-75.

17　*Crime and Madness,* p 41.

18　*Crime and Insanity in England. Volume one,* p 38.

19　Partial insanity翻譯為局部精神異常，而不是「部分」精神異常，因為原本這樣的概念，是針對過往對於精神異常，總認為是完全混亂、錯亂的狀態，而實際上，多數精神異常現象，都是「局部」精神異常，患者在某些心智功能上，無論是知、情、意等任一區塊，可能尚稱良好而無明顯障礙，或者是損害的程度並不明顯，同時，對於局部精神異常，倡議者並不認同赫爾認為局部精神異常，應屬於完全刑事責任（不應免除其罪），也無意對應於英美法在特殊情形下**減輕責任**（diminished responsibility）的概念。所以，翻譯為「部分」精神異常，也容易產生混淆。同樣地，partial delusion在本書中也翻譯為「局部妄想」。

20　*Crime and Insanity in England. Volume one,* p 94.

21　'The House of Lords and the Judges' "Rules", p 74.

22　Ibid., p 79-80.

23　*Crime and Insanity in England. Vol1,* p 91.

24　*Crime and Madness,* p 13.s, p 13-14.

25　Ibid., p 48.

26　Lawrie Reznek: *Evil or Ill? Justifying the Insanity Defense.* Routledge: London 1997, p 21.

27　*Madness: A Brief History,* p 98.《瘋狂簡史》，頁108。

28　馬克思：《路易‧波拿巴的霧月十八日》。收錄於《馬克思恩格斯選集》，第一卷，中共中央馬克思恩格斯列寧斯大林著作編譯局編，二版。人民出版社，北京，1995，頁585。

29　*Console and Classify,* p 189-196.

30　Ibid., p 152-153.

31　引自Lord-Chancellor Erskine: *Speech in Defence of Hadfield, 1800.*

【第五章】來自蘇格蘭的另類思考：
減輕責任

　　英美傳統上無論採用認知準則或是接受控制準則，都是期待因精神異常而無罪；換言之，一旦提起精神異常抗辯，陪審團的判定只有兩種，**有罪**，或是**因精神異常無罪**，不存在第三個選項。

　　但是在蘇格蘭，卻發展出相當不一樣的概念，並且在二戰之後引進英美，那就是因精神狀態而減輕責任的概念。一言以蔽之，在面臨謀殺（murder）[1]重罪時，犯行者因為精神異常而得以判定**減輕責任**（diminished responsibility），或稱部分責任（partial responsibility），並處以較輕罪名殺人罪（culpable homicide）。[2]

局部精神異常與部分責任

　　還記得1724年愛德華・阿諾案件，審判法官崔西引用十七世紀法官馬修・赫爾經典著作《英國法庭答辯的歷史》中的陳述：[3]

　　　有些人，對於某些事務有能力運用理性，但是在某些情境之下，則有特定的痴呆狀態……這種局部精神異

常，似乎不應該免除其罪……我可以想到最好的準則
是，在黑膽質性情緒失調的影響下，還是具有尋常十四
歲孩子所具有的理解能力，那這個人面對叛國以及重罪
犯行時，就是有罪的。

簡言之，對十八世紀
英國法律學者而言，局部
精神異常，不可免除罪責
（直到現今也是大致如
此）。

不過，文藝復興重鎮
蘇格蘭的法律學者，卻有
不一樣的想法。蘇格蘭
提出方案，倒不是為了
爭辯局部精神異常者得以
無罪，而是認為當面對的
是較輕微的精神異常，或
許應該考慮在法律上予以
不同的處罰。蘇格蘭爵士
喬治・麥肯錫（George

> **減輕責任（diminished responsibility）**
>
> 最早由蘇格蘭爵士麥肯錫（George Mackenzie）於1674年提出，並由十九世紀法學者巴倫・休謨（Baron Hume）擴大解釋，認為刑罰的意義在於「應報」，當面對的犯行是較輕微的精神異常，應該考慮在法律上予以從輕量刑，因為瘋狂本身已經是足夠的懲罰。此一概念於二戰後引入英美。

Mackenzie, 1636-1691）在1674年著作《蘇格蘭犯罪事件的法律與習慣》（*The Laws and Customs of Scotland in Matters Criminal*）中表示：[4]

當一個人被證明曾經相當暴怒，除非有相反的證據
呈現，法律會假設他暴怒依舊，因為瘋狂是如此固著的
疾病，很少或無法治癒。這樣的假設在涉及犯罪時更應
該予以維持，因為，涉及犯罪之時，相較於清醒期間
（lucid intervals），更像是瘋狂行為……

麥肯錫是引用自更早期荷蘭學者馬帝亞斯（Matthaeus）
的說法。他進一步延伸其意義：[5]

法官極可能也不會出於誤解，而將所有犯罪所應受
的懲罰從疾病明顯緩解的人身上完全撤回：因為，一旦
瘋狂造成判斷力失序，只要更常發病，它就難免造成一
些弱點，導致一個人無法如他應該有的方式做出合適的
判斷，僅只適用於歇息的片刻，疾病中斷的期間，而不
是整個都確實悔改，正如我們蘇格蘭諺語所說「一旦瘋
了，只會更糟」……

麥肯錫似乎認為精神疾病其實會造成持續性損害，不見得
會完全緩解，他還進一步推論：[6]

我可以說，既然法律對於絕對的暴怒不予處罰，它
也應當對於不是如此瘋狂的情形，比如，因為慮病狀態
以及黑膽質憂鬱而模糊了理性時，依照比例原則從輕量
刑；這時他們有某種程度的覺察，但是相當微弱，法學

者們稱之精神錯亂……

對照同時期英格蘭法學者赫爾所說的，這正是某種局部精神異常的情形，赫爾認為應給予完全的處罰，而麥肯錫則認為應該減輕。除此之外，麥肯錫認為刑罰的意義在於應報（retribution），對於局部精神異常，給予懲罰並無意義，因為：[7]

> 不要對那些人苛求懲罰，他們不幸的命運值得原諒：瘋狂本身，對他已經是足夠的懲罰了。

直到十九世紀的蘇格蘭法學者巴倫‧休謨（Baron Hume, 1757-1838）[8]明確地贊同麥肯錫：[9]

> 如果證據顯示，被告雖然部分錯亂，但是卻不足以讓他完全不受處罰，正確的做法是，認定他有罪；但是考量他無法控制自己當時的心智虛弱，舉薦他取得皇室赦免。

休謨也借用羅馬學者莫德斯丁說法，認為「*cum satis furore ipso punitur*」（with them madness is enough punishment），瘋狂已經是足夠的懲罰。[10]不同於十三世紀英國法官亨利‧德‧布萊克頓將瘋人與孩童豁免刑罰類比於一起，麥肯錫則提出應報的概念，以為精神障礙者減輕刑罰。休謨則進一步認

為，雖然刑事責任上還是要認定有罪，但是後續在刑罰的施予上加以減免。

1867年的案件，讓這類因局部精神異常而減輕責任或部分責任的觀念，成為典型案例。

「瘋老爺」汀沃案

蘇格蘭籍士官汀沃（Dingwall）受審時，已經是一位四十五歲的酒精成癮者。他出身良好家庭，年輕時於印度陸軍服役時曾經中暑過一次，而且長期酗酒。回蘇格蘭後，他經歷好幾次癲癇發作，典型的酒癮戒斷症狀，也曾到私人療養機構去戒治，但是成效不彰，只要一喝就醉。1851年開始，他出現酒精性震顫（delirium tremens），被當地人叫他「瘋老爺」（蘇格蘭英語「the wud laird」；英文「the mad lord」）。但是，他的醫師並不認為他是瘋人，而是「意志薄弱，任性和古怪」的人。他常常在早晨就點火，而且會攜帶一把刀尖弄鈍的刀子，弄鈍的理由是為了安全。[11]

1866年底之前，他和大自己十歲到十五歲的太太住在亞伯丁附近的史東海文（Stonehaven）。除夕夜，他喝了每日被允許的餐前酒（每餐前一小杯威士忌），隨後又到周圍住家喝了好幾杯酒才回家。蘇格蘭除夕夜（Hogmanay）的習俗是每個住家都不可以拒絕前來要一杯酒的朋友或是陌生人。他帶了一瓶威士忌很晚才回到家，太太把酒和錢都藏起來，兩人吵了一架後上床睡去。晚間他突然跑了出去，而瞌睡中的妻子身上插

了一把雕刻刀。妻子幾天後才死亡，卻留下遺書為丈夫說話。
她說，只要不喝酒，他對她都很好，但一喝酒，他就會陷入悲
哀的激動狀態，他會不知道自己說些什麼、做些什麼，而且會
揚言結束自己與妻子的生命。

　　法官戴斯（Deas）對陪審團的指引，是如此說明：[12]

　　　　倘若陪審團認為當犯人犯下此行為時，他有足夠的
　　心智能力以知曉，而且也確實知曉他的行為違反法律，
　　法律應給予懲罰，則陪審團有義務將其定罪。

接著法官又提出：

　　　　剩下的問題在於，罪行是否不適用於謀殺罪……在
　　法律上，將它認識為別的行為又會是一個非常困難的
　　問題。然而在另一方面，我們不能說，如果陪審團根
　　據犯罪行為的性質，而判定這行為是應受懲罰的殺人罪
　　（culpable homicide），這就超越了陪審團的權責。在我
　　的腦海中，他們考慮的主要情況是：
　　　　一、攻擊行為，未經預謀與突發性質；
　　　　二、犯人習於善待他的妻子，容或無可置疑，特別
　　是飲酒問題不存在時；
　　　　三、僅一刺或一擊；或許這不像是一個瘋狂的人所
　　做的，這點在其他方面卻有利於這位犯人；
　　　　四、犯人似乎不僅具有奇特的精神結構，多次的疾

病發作也削弱了他的心智。他很可能在印度先是中暑，而後多次癲癇發作，他也確實有很多次酒精性震顫；倘若無論如何，心智的弱點有可能是區分謀殺罪和應受懲罰殺人罪的一個關鍵元素，則似乎很難在此排除這項元素。

　　法官大人急切地考慮這個問題，而且做出結論認為，這項元素並不是法庭上不容許的。應受懲罰的殺人罪，在我們的法律和實務裡，包括了在一些國家被稱為「情有可原的謀殺」（murder with extenuating circumstances）。有時候，應受懲罰的殺人罪行接近謀殺邊緣；有時它是一個比較輕微的犯行。法官大人會這麼思考：一名犯人的心智狀態可能是處在情有可原的情況下，雖然並不足以構成因精神異常而宣告無罪；因此他也不能讓陪審團在考量其他伴隨的整個情況後，做出「如果被告終究須向法律負責，犯人是因為謀殺罪而有罪、或者是應受懲罰的殺人而有罪」的決定遭到排除。

陪審團果然從善如流，判決他殺人罪而非謀殺，後判處十年苦役。[13]

休謨雖然指出可以因為精神狀態而減刑，但是，這減刑卻是要來自於刑法體系或國家的恩典，並沒有說明程序與機制為何。1897年的判決則是讓陪審團直接判定罪名，方法是判定較謀殺罪為輕的殺人罪行。這案子從此成為後人引用的判例。另一方面，相對於英格蘭檢辯雙方會提供不同立場專家的證言，

蘇格蘭人似乎相當願意接受專家證詞，根據專家證詞來確認減輕責任的精神狀態是否成立，據此判定應受處罰之殺人罪。

二十世紀初，蘇格蘭的法官，開始使用明確的「減輕責任」（diminished responsibility）一詞，來說明這種類型的抗辯。辯方可以使用精神異常抗辯，或者是減輕責任兩者來辯護。[14]

引進英格蘭

二十世紀初始，「減輕責任」的概念與實務運作，就受到英格蘭法界與醫界的注意。但是直到1957年殺人法制訂，才正式成為精神異常抗辯的理由。

1883年，英格蘭法學者史蒂芬（Stephen）在其著作中抨擊馬克諾頓法則過於窄化，無法容納控制力薄弱的精神異常，他提到：[15]

> 法律應當……一旦證明是瘋狂，允許陪審團做出下
> 列三種判定之一種：有罪；有罪，但其自我控制能力因
> 精神異常而減弱；因精神異常而無罪。

對史蒂芬來說，減輕責任是對於馬克諾頓法則忽略了控制準則的解決方案。但是，這樣的聲音在當時並未得到重視與共鳴。

甚至於到了1953年，英國死刑議題皇家委員會對於馬克諾

頓法則提出修正的建議，委員會報告除了提出兩個建議之外，也回顧了蘇格蘭關於減輕責任的做法。但是在結論部分，卻有如是說法：雖然，蘇格蘭關於減輕責任的學說在其境內運作良好，我們無法推薦其在英格蘭採用。[16]事實上，在相關聽證會上，皇家醫學心理學會[17]相當支持這項修正建議。[18]然而大多數反對來自於法律學者，他們對這項建議的擔心，顯然不同於史蒂芬的樂觀立場。

　　反對意見來自幾個想法。首先，陪審團是否可以對於這麼模糊的事情達成共識呢？要分辨精神異常，又要分辨所謂減輕責任的精神異常是否可行？而法官又如何給予適當的指引來讓陪審團形成判定？這些意見都在這份報告中陳述出來。[19]實際上，雖然學會本身贊成，在英國精神醫學界，卻也存在著部分反對意見。

　　有點出人意料地，1957年保守黨政府卻提出這項修法，而且獲得通過。探討為何通過的原因，似乎有很多政治因素（也超過本書所涉範圍），不過，其中之一與廢除死刑的潮流強烈相關。因為減輕責任的抗辯，就是針對謀殺罪嫌的案件，讓面臨死刑的被告，有機會改判終身監禁或更輕的刑期。

　　1957年通過的殺人法（Homicide Act, 1957）正式條文第二段（section 2）如下：[20]

　　罹患減輕責任者：

　　　（1）凡任何人殺害或者是參與他方的殺害行為，
如果他罹患如此的心智異常（abnormality of mind）（無

論是因心智發展停頓或遲緩所造成的，或是因疾病或損
傷所固有或誘發的）以至於實質地損害了他在殺害他人
或參與殺害他人行為時，對於該犯行與疏失的心智責任
能力時，他不得被判處謀殺罪。

減輕責任立法之後

反對者在立法後，擔心這是項災難，不過學者沃克近年的
分析卻發現，這項立法並沒有被濫用，原因則是相當有趣的現
象。

英格蘭於1957年立法建立減輕責任抗辯，1965年停止執
行死刑。[21]在1957年立法後，因精神異常而無罪的案例逐漸下
滑，而減輕責任抗辯成功案例逐漸增加。但是，有些被告是
在審判中被認為精神異常，而不適用前兩種情形。這三類案
例（精神異常抗辯、減輕責任抗辯以及審判中精神異常），在
1957年後總數都沒有明顯上升，因此，我們可以推論，減輕責
任抗辯的案例，並未開啟一道脫罪之門，反而是因抗辯精神異
常而無罪的個案和審判中精神異常的個案，許多都轉向減輕責
任抗辯。[22]

首先，1959年英國精神衛生法（Mental Health Act）實行
前，辯護律師不太願意提出減輕責任抗辯，因為，就算得免一
死，他的委託案主也可能被送到監獄而不是醫院（因為有罪當
然就是入獄，而且當時還沒有轉送醫院的規範）。1957年之

後，減輕責任抗辯是比較有利於被告的建議。

1959年派翠克・拜恩（Patrick Byrne）的案件，讓英格蘭法庭有機會對於減輕責任的詳細內容做出回應。[23]拜恩是一名二十七歲的愛爾蘭工人，1959年十二月在伯明罕，他透過窗戶偷窺一位在基督教青年會（YMCA）旅社住宿的女孩。拜恩的行為被女孩發現後，他衝進房間勒死女孩，猥褻並且毀損她的屍體。幾週後他向警方自首。在審判中，他提起減輕責任抗辯，聲稱自己是「性精神病態者」（sexual psychopath），無法控制自己的衝動。在沒有衝動時，他和一般人沒有不同。拜恩認為，這就是所謂心智異常。

史戴伯（Stables）法官指引陪審團，如果被告是因為處於無法控制的性衝動下殺死被害人，其他時間並沒有不正常，那被告並不適用殺人法的第二段（即減輕責任部分）。拜恩被判非極刑謀殺罪（non-capital murder）成立。拜恩提起上訴，理由是法官對陪審團做出錯誤指引。

刑事上訴法院大法官帕克（Parker）同意，原審對於陪審團指引錯誤，繼而做出前述的判決，帕克認為，所謂適切的陪審團指引應該是：[24]

> ……（心智異常）是和尋常人心智狀態如此不同，
> 任何理性的人都會稱為不正常的情形。在我們看來，它
> 應該寬廣到足以涵蓋心智活動的各個方面，不僅是對於
> 身體行為和事物的知覺，以及形成合理判斷行為是否對
> 或錯的能力，還包括運用意志力控制身體行為，使其遵

循合理判斷的能力。

拜恩二審後，陪審團判決仍然不變。

在英國，精神科醫師或專家證人部分，對於減輕責任多是相當歡迎的。對馬克諾頓法則的批評幾乎銷聲匿跡。[25] 在不廢棄或更動馬克諾頓法則的前提下，對於謀殺重罪援引衝動或控制準則，終於如十九世紀英格蘭法學者史蒂芬期待的，得以減輕罪責。無怪乎，英國學者沃克如此說：[26]

> 馬克諾頓的幽靈退散，並非來自官方的任何驅魔作為，而是單純出於忽略來自於新生的減輕責任抗辯所造成的後果。

簡言之，在英格蘭，由於嚴格又僵化的馬克諾頓法則，既缺乏自我控制或衝動法則的補充，而且對於馬克諾頓法則中「以至於無法知曉其行為之本性與特質；或者，其縱使知曉行為之本性與特質，亦不知曉此行為係屬錯誤」的詞句，又認定「本性」與「特質」均為物理性質，在解釋上也欠缺彈性。[27] 相較於大西洋彼岸的美國各州，法庭即使採取馬克諾頓法則，也可能容許比較寬容的解釋，因此在英格蘭，精神異常抗辯成功的機會微乎其微。許多嚴重精神疾病患者，由於無法符合馬克諾頓法則的要件，必須在監獄中終其一生，且無法獲得適切的治療。這時，減輕責任的概念似乎讓這種嚴峻的狀態，得到舒緩。

　　但是這樣的抗辯，就個案數的消長來看，似乎是將原本要採精神異常抗辯的案子，轉換為減輕責任，究竟這是辯護律師的策略，還是陪審團的想法呢？這就不容易分辨了。

　　其次值得注意的是，在歐洲，精神異常抗辯未必只局限於重罪（在英格蘭與蘇格蘭則需如此）。正如1953年英國死刑議題皇家委員會的報告也注意到這點。[28]我國、德國的立法有異曲同工之妙，對於所有罪刑，因精神異常無責任，免除其刑，若因部分責任能力，則得以減刑。

　　其實，減輕責任在蘇格蘭與英格蘭，還有不同來源的立法過程與判例，例如，殺嬰（infanticide）或是嚴重挑釁（provocation）[29]，還有酒醉（drunkenness，酒醉即酒精中毒，曾經使用過減輕責任的案例，但是現在多不再援用）等情形，也加以援用。[30]

　　在美國，減輕責任又常與所謂減輕能力（diminished capacity）一起拿來討論，不過在概念上與使用上，有相當不相同的後續發展，減輕能力包括「極端情緒困擾（extreme emotional distress）」此一概念。[31]但是，一定要提醒的是，美國的減輕能力與英國的減輕責任，在觀念上已經非常不同；減輕能力在各州的判例與立法也出入極大，出現相當複雜的情形，且在精神鑑定評估中，也沒有發展出一致的觀念與準則。

　　另一個值得參考的觀點，來自於美國精神醫學會對死刑立場的聲明。由於美國對精神異常抗辯仍然是全有全無的立法，而實際上許多州也未必接受減輕責任的判例，因此有許多嚴重精神疾病與心智障礙者，無法符合精神異常而無罪的抗辯條

件，遭到死刑判決。

2004年美國精神醫學會「對於極刑判處，減輕責任的立場聲明」（Position Statement on Diminished Responsibility in Capital Sentencing）：[32]

> 被告於犯罪行為時，因為嚴重精神疾病（severe mental disorder）或心智障礙（mental disability），導致其（a）對於行為本質、結果或錯誤性（違法性）之感知能力，或（b）相關於自身行為，執行理性判斷之能力，或者是（c）使自己行為合乎法律要求之能力，受到顯著損害，不應判處死刑或執行死刑。
>
> 如果是，主要表現為重複的犯罪行為，或單純歸因於自願狀況下使用酒精或其他藥物所產生的作用，則不可單獨構成本條款所稱之精神疾病或心智障礙。

英國引進減輕責任的立法，到底代表何種啟示呢？或許，較為寬容地解

> **二次大戰後英國關於精神異常相關法案改革大事紀**
> - 1953年 英國死刑議題皇家委員會對於馬克諾頓法則提出修正建議，雖未獲通過，卻深深影響了大西洋彼岸的美國之精神異常抗辯概念。
> - 1957年 立法建立減輕責任抗辯。
> - 1959年 精神衛生法實行。
> - 1965年 廢除死刑。

釋精神異常對於人類行為的影響，並不一定讓許多人得以脫罪，而是讓比較多精神疾病或心智障礙者，得以不被監禁，而獲得比較適當的治療或處遇。

　　或許，當一位被告涉及了重罪，而他又是很明顯地心智不健全之時，對於這位行為人，是否要免除其罪或減輕其刑的想法，在精神科醫師心中、在陪審團心中、在法官心中，各自的那把尺所測量出來的差別，並沒有想像中如此巨大。

註釋

1　在英美法概念下，謀殺（murder）是指非法致人於死，而且具有惡意預謀（malice aforethought），因為有惡意預謀，而與罪名較輕的非法殺人（unlawful homicide）或是稱為過失殺人（manslaughter）有所區別。

2　在蘇格蘭法律中，是指尚未達到或符合謀殺罪（murder）程度的殺人罪。殺人罪，包括應受懲罰的故意殺人（voluntary culpable homicide）和應受懲罰的非故意殺人（involuntary culpable homicide）兩種。前者是指行為人在遭到挑釁（provocation）、醉酒或減輕責任情形等構成罪責減輕的情況下所施行的殺人行為。後者是指行為人由於重大疏忽而非故意所為的殺人行為，或者在施行如毆打、搶奪等非法行為過程中導致他人死亡的行為。

3　*Crime and Insanity in England. Volume one*, p 38.

4　Ibid., p 139. 原文為：「...when a man is proved to have been once furious the law presumes that he still continues furious, till the contrair be proved, for madness is too sticking a disease; and is seldom or never cured. And this presumption should be rather hold in the committing of liker the madness than the lucid intervals....」

5　Ibid., 原文為：「Possibly that judge would not be much mistaken who would remit something of the ordinary punishment in all crimes committed, even where the lucid intervals are clearly proved: for where madness has once disordered the judgement, and more where it recurs often, it cannot but leave some weakness, and make a man an unfit judge of what he ought to do, *est tantum adumbrata quies, intermissio, sed non resipiscentia integra*; and as our proverb well observes 'once wood, ay the worse'....」

　　斜體字為拉丁文，翻譯為英文為：「it applies only to rest, and interruption, but not the entire repentance.」而蘇格蘭諺語翻為英文則是：「Once mad, ever the worse.」

6　Ibid., 原文為：「I may be argued that since the law grants a total impunity to such as are absolutely furious therefore it should by the rule of proportion lessen and moderate the punishments of such, as though they are not absolutely mad yet are Hypochondrick and Melancholy to such a degree, that it clouds their reason; *qui sensum aliquem habent sed diminutum*, which the lawyers call *insania*....」

　　斜體字為拉丁文，翻譯為英文為：「that have some meaning, but with diminished.」

7　Ibid., p 140. 原文為：「Do not exact any punishment from him whom the misfortune of his destiny excuses: by madness itself is he punished enough....」

8　這位休謨，是蘇格蘭啟蒙運動主將大衛・休謨（David Hume, 1711-1776）的姪子。

9　Ibid., p 141. 原文為：「If it appear from the evidence that the pannel, though partially deranged, was not so much so as to relive him entirely from punishment, the proper course would be find him guilty; but on account of the period of infirmity of mind which he could not control, recommend him to the royal mercy.」

10　Ibid., p 141. 羅馬學者莫德斯丁的見解，十三世紀英國法官布萊克頓也曾引用。參見 *Crime and Insanity in England. Volume one,* p 27.

11　Ibid., p 142.

12　Ibid., p 143. 原文為：「If the jury believed that the prisoner, when he committed the act, had sufficient mental capacity to know, and did know, that the act was contrary to the law, and punishable by the law, it would be their duty to convict him.

There remained the question whether the offence was anything short of murder...It was very difficult for the law to recognize it as anything else. On the other hand, however, he could not say that it was beyond the province of the jury to find a verdict of culpable homicide if they thought that was the nature of the offence. The chief circumstances for their consideration with this in my mind were

1st, the unpremeditated and sudden nature of the attack;

2nd, the prisoner's habitual kindness to his wife; of which there could be no doubt, when drink did not interfere;

3rd, there was only one stab or blow,; this while not perhaps like what an insane man would have done, was favourable for the prisoner in other respects;

4th, the prisoner appeared not only to have peculiar in his mental constitution, but to have had his mind weakened by successive attacks of disease. It seemed highly probable that he had repeated attacks of delirium tremens, and if weakness of mind could be an element in any case in the question between murder and culpable homicide, it seemed difficult to exclude that element here.

His Lordship had anxiously considered that question, and had come to the conclusion that the element was not inadmissible. Culpable homicide, in our law and practice, included what in some countries was called 'murder with extenuating circumstances'. Sometimes the crime of culpable homicide approached the very verge of murder; and sometimes it was a very minor offence. The state of mind if a prisoner might, his Lordship thought, be an extenuating circumstance, although not such as to warrant an acquittal on ground of insanity; and he could not therefore exclude it from the consideration of the jury here, along with the whole other circumstances, in making up their minds whether, if responsible to the law at all, the prisoner was to be held guilty of murder or of culpable homicide. 」

13　Ibid., p 144.

14　Ibid., p 144.

15　Ibid., p 147.

16　*Royal Commission on Capital Punishment, 1949-1953 Report.* Her Majesty's Stationery Office: London 1953 Reprinted 1965. 此項建議見於p 276-7。

17　英國皇家醫學心理學會（Royal Medico-psychological Association），是英國精神醫學會（Royal College of Psychiatrists）的前稱。

18　*Crime and Insanity in England. Volume one,* p 147.

19　*Royal Commission on Capital Punishment, 1949-1953 Report,* p 142-144.

20　原條文內容下載於http://www.legislation.gov.uk/ukpga/Eliz2/5-6/11/section/2，原文為：
「Persons suffering from diminished responsibility: (1) Where a person kills or is a party to the killing of another, he shall not be convicted of murder if he was suffering from such abnormality of mind (whether arising from a condition of arrested or retarded development of mind or any inherent causes or induced by disease or injury) as substantially impaired his mental responsibility for his acts and omissions in doing or being a party to the killing.」其後三項是關於程序的規範，因此省略。

21　*Crime and Insanity in England. Volume one,* p 158.

22　Ibid., p 158-60.

23　Ibid., p 155.

24　Ibid., p 155. 原文為：「…a state of mind so different from the ordinary human beings that the reasonable man would term it abnormal. It appears to us to be wide enough to cover the mind's activities in all its aspects, not only the perception of physical acts and matters, and the ability to form a rational judgement as to whether the act was right or wrong, but also the ability to exercise will-power to control physical acts in accordance with that rational judgement.」

25　Ibid., p 160.

26　Ibid., p 111.

27　Abraham Goldstein: *The Insanity Defense.* Yale University Press: New Haven 1967, p 51.

28　*Royal Commission on Capital Punishment, 1949-1953 Report,* p 144.

29　*Crime and Insanity in England. Volume one,* p 149.

30　Ibid., p 180.

31　Robert D Miller: 'Criminal Responsibility.' In Richard Rosner (ed): *Principles and Practice of Forensic Psychiatry, Second Edition.* Arnold: London 2003, p 225-226.

32　American Psychiatric Association: Position Statement on Diminished Responsibility in Capital Sentencing, 2004. 原文為：「Defendants shall not be sentenced to death or executed if, at the time of the offense, they had a severe mental disorder or disability that significantly impaired their capacity (a) to appreciate the nature, consequences or wrongfulness of their conduct, (b) to exercise rational judgment in relation to their conduct, or (c) to conform their conduct to the requirements of the law. A disorder manifested primarily by repeated criminal conduct or attributable solely to the acute effects of voluntary use of alcohol or other drugs does not, standing alone, constitute a mental disorder or disability for purposes of this provision.」

【第六章】狂烈的愛：辛克利案與精神異常抗辯改革

　　我在1981年三月三十日的行動賦予我生命特殊的意義，沒有任何形式的監禁或住院可以玷汙我的歷史行動。華盛頓希爾頓飯店外的槍擊，是世界歷史上，最偉大的愛情。為了贏得一個女孩的心，我犧牲自己，犯下終極罪行。這愛的展示前所未有。但是，美國公眾感受到我做了什麼？茱蒂‧福斯特感受到我做了什麼？沒有任何人明白嗎？

　　1982年七月九日《紐約時報》報導，引用辛克利在審判後兩週，由聖伊莉莎白醫院（St. Elizabeths Hospital）寄給媒體的信件。[1]

「史上最偉大的愛情展示」

從未謀面的影迷

　　雷根遇刺案發生在1981年三月三十日星期一，距美國總統隆納‧雷根（Ronald Regan）上任僅六十九天。這天中午他在首都哥倫比亞特區的希爾頓酒店和工會團體代表一起午餐並

發表講話，離開酒店時與其他三人被約翰・辛克利（John W Hinckley Jr.）以左輪手槍擊中。

這位青年行刺總統的動機不是政治陰謀，而是來自於他對一位女演員茱蒂・福斯特（Jodie Foster）的長期迷戀。[2]

辛克利在青少年時期就是個內向退縮的人，少有人際關係。1973年秋天，他升學到拉巴克（Lubbock）德州理工大學（Texas Tech University）後，在學校兩年，多半是讀書、看電視、聽音樂和彈吉他。

1976年春天，他突然輟學去加州好萊塢，希望成為一位作曲家。

根據辯方精神科醫師威廉・卡本特（William Carpenter Jr.）的說法，在好萊塢期間，辛克利迷上了由馬丁・史柯西斯（Martin Scorses）執導，勞勃・狄尼洛（Robert DeNiro）主演的電影《計程車司機》（*Taxi Driver*）。據稱他看了至少十五遍，並顯然將自己想像成、或是認同影片中勞勃扮演的男主角崔維斯・拜克爾（Travis Bickle）。[3]

辛克利也虛構了一位女友，藉此向父母要錢。這位虛構人物林恩（Lynn），後來還成為檢辯雙方不同的解釋。辛克利在好萊塢六個月一事無成，1976年秋天當錢也花用完畢後，他不得不回到老家科羅拉多州埃弗格林（Evergreen, Colorado），首府丹佛市西方的一個高級居住區。

1977年他又試著去好萊塢一趟，還是沒有成功，所以又復學回德州理工兩年直到1980年冬天。1979年八月他擁有生平第一支槍，並且開始練習射擊，那年的聖誕節他已沒有回家。

據卡本特醫師證詞，他在這段時間生活沒有目標，而且還曾用手槍對著自己的太陽穴兩次，玩「俄羅斯輪盤」（Russian Roulette）。[4]不過檢方認為，這個證詞只出現於辛克利接受醫師檢查之時，可信度值得懷疑。

　　1980年初，家人要求他接受健康檢查，因為他外表憔悴，體型過胖。除了焦慮和壓力，醫師沒有發現太大問題。家人安排他去看一位心理師，也期待他有生活目標。因此，在1980年九月十六日他和家人簽下書面協定，獲得三千六百美元去報考耶魯大學的寫作班，如果還是不順利，他同意再回學校念書。

　　實際上，他從《時人》（People）雜誌上得知茱蒂‧福斯特已於1980年進入紐海文（New Haven）的耶魯大學就讀，因此才向父母提出這項要求。他開始寫情書，並兩次打電話給茱蒂‧福斯特。他離開紐海文回到拉巴克，買了更多槍枝，然後開始尾隨當時競選連任的吉米‧卡特（James Earl Carter, Jr.）總統。他發現，自己可以很輕易地走到總統身邊，其中一次甚至只有一步之遙。1980年十月九日，他在納許維爾（Nashville）國際機場因非法攜帶武器而被處以罰金。

　　1980年十月二十日辛克利因為花完錢而回到埃弗格林，父母為兒子找了精神科醫師。父母和醫師都同意，辛克利應該找個工作，搬出家裡獨立自主。[5]1980年十一月三十日他到華盛頓，開始注意到總統當選人雷根。美國總統大選依慣例於十一月初舉行，總統當選人為擊敗時任總統卡特的雷根，並預定於隔年一月二十日就職。

　　1980年十二月八日晚間約翰‧藍儂遇刺身亡[6]，讓辛克利

十分震驚，他趕去紐約加入一起哀悼的民眾之中。之後，他再度經過紐海文，寄給茱蒂・福斯特更多詩和情書。1981年二月九日到十九日他往返紐海文、華盛頓與紐約之間。他向多位證人說，他在藍儂遭暗殺的公寓前企圖拔槍了結自己，但是無法做到。他又寫了許多提及暗殺的詩給茱蒂・福斯特。辛克利的書信與詩，常常提到死亡、暗殺的內容、一些閱讀心得與對於文學的感想，後來都成為法庭上的證物，裡面所述說的內容，到底是文學或感情的囈語？還是精神病理的展現？這也成為交互詰問的焦點。

　　1981年二月十九日他回到埃弗格林，二月二十七日和精神科醫師最後一次會談。因為未能履行與父母的工作約定，三月一日他又離開，去紐約和紐海文，又寫了信給茱蒂・福斯特，提到「茱蒂，今晚過後，我和藍儂將會有許多共同之處，一切都是為了妳」。[7]

刺殺行動開始

　　1981年三月五日，由於錢又花盡，他打電話回家，家人提供他回家的旅費。三月七日到機場後，父親對他說為了履行他們之前的約定，他不能回家，但是會讓他有地方住。三月七日到三月二十五日之間，辛克利都住在丹佛市附近的汽車旅館。辛克利的母親在父親不知情下，讓辛克利回家拿了些東西。辛克萊還賣掉幾把槍，典當了自己鍾愛的吉他和打字機來籌錢。[8] 他告訴母親，他想去好萊塢再試一次機會，母親載他去機場。辛克利下車後，母親遞給他一百美元現金，辛克利向母

親說，「媽，我要感謝所有的事情，我要感謝妳為我所做的一切事情」，似乎在向自己的母親訣別。

辛克利在好萊塢待了一天後，1981年三月二十六日早上，他花費一百一十七・八美元，搭灰狗巴士前往華盛頓。這是一趟四天的車程，走走停停，中途會休息讓乘客吃飯。他腦海中想著的是，到達華盛頓後，再搭車去紐海文。腦海中，他想著如何在自己心愛的女子面前戲劇化地死去，或者是殺了她後自殺。[9]辛克利行李中放著幾本書，《麥田捕手》（*The Catcher in the Rye*）、莎翁名劇《羅密歐與茱麗葉》（*Romeo and Juliet*），《泰德邦迪：鄰人殺手》（*Ted Bundy: The Killer Next Door*）以及前一年十二月才出版的《永遠的草莓園：紀念約翰藍儂》（*Strawberry Fields Forever: John Lennon Remembered*）。[10]

1981年三月二十九日，星期天，辛克利搭乘灰狗巴士到達哥倫比亞特區，透過電話簿他找到一間AAA認可的平價飯店，入住中央公園酒店（Park Central Hotel）312號房。[11]第二天一早他在繁忙的K街上走著，進入麥當勞吃了滿福堡早餐後，買了份報紙《華盛頓之星》（*The Washington Star*）回飯店。報紙A4版刊登了總統的行程。[12]

希爾頓飯店前的槍擊

1981年三月三十日東部標準時間下午二點二十七分，雷根總統通過「VIP通道」離開酒店。[13]在出口九公尺外東南側停放著正在等待的林肯禮車，而辛克利則站立在通道口東北

角警戒線外的人群中。上車前，總統從人群中直接經過了辛克利的身邊，有一位女士喊著，「總統先生，總統先生」，雷根舉起左手示意。辛克利立刻掏出左輪手槍連開六槍，不過都未直接擊中雷根。第一槍打中了白宮新聞發言人詹姆斯・布雷迪（James Brady）的頭部，第二槍打中聽到槍響後展開雙臂面向雷根的特區警官湯瑪斯・德拉漢提（Thomas Delahanty）背部，兩人陸續倒地後，辛克利與雷根之間沒有任何阻礙，祕勤局幹員忙著打開車門將雷根壓著進入禮車，幸好第三槍只劃過雷根頭頂，打中了對街酒店的玻璃，而第四槍則擊中擋在車門前的祕勤局幹員提摩西・麥卡錫（Timothy McCarthy）的胸部。第五槍擊中了禮車車門上的防彈玻璃，第六槍子彈碎裂在車道上。後來才知道，第六槍擊中車門裝甲後反彈，一部分碎裂的子彈擊中雷根左胸。

總統專車在離開槍擊現場時還不曉得總統受傷，第一時間還以為度過危機毫髮無損，但是雷根隨即出現呼吸困難，嘴唇滲血混著氣泡，並且向祕勤局幹員說「我想你弄斷了我的肋骨」，祕勤局幹員才立即決定到醫院檢查。二點三十分車隊就到達喬治華盛頓大學醫院急診。這時，祕勤局幹員還一直自責可能是護衛過程太急反而傷到雷根左胸肋骨，經過急診創傷小組診察後才發現左胸被子彈擊中。[14]經過手術，雷根脫離險境。

在羅伯・甘迺迪之後，美國大眾第二次在電視轉播上，看到國家元首遭到刺殺。不過，雷根是美國歷史上，首位被槍擊中後生還的總統。[15]

辛克利的審判：專家的戰爭

辛克利刺殺案後，遭
起訴十三項罪名（包括總
統雷根共四位受害者）。
審判自1982年五月四日
開始，距離案發已超過一
年。[16]

辛克利在槍擊現場就
遭聯邦幹員制伏，經過數
小時偵訊後，很快就送
到聯邦矯治所（Federal
Correction Institute）留
置，進行觀察並接受精神
科評估，一直到受審宣
判。[17]

審判的重點當然是行
為時的精神狀態。辯方四
位專家證人，檢方二位專
家證人，對於辛克利的診
斷各有不同，最大差異在
於辯方證人認為，辛克利
在行為時處於「精神病狀
態」（psychotic state），

> **美國模範刑法典（Model Penal Code）有關提請精神異常抗辯的一般準則**
>
> 在辛克利案件中，如果被告未提出任何精神異常的證據，法院無須證明其心智健全；但是，一旦被告提請精神異常抗辯，檢察官就必須「超越合理懷疑地」證明被告沒有精神疾病或心智缺陷，或者是，被告即使有精神疾病或心智缺陷，前述情形都沒有「實質地」影響被告「感知其行為錯誤性」（廣義的認知準則）或是「使其行為依循法律的要求」（控制準則），這兩項準則正是模範刑法典準則。

因此符合美國法律協會模範刑法典中關於精神異常無責任的認定，然而檢方證人則不認為如此。

辯方證人舉出四位專家證人，三位精神科醫師、一位臨床心理師。著名的威廉・卡本特（William Carpenter Jr.）[18] 認為，辛克利符合「精神分裂症」的診斷，但是必須以比較寬廣的診斷定義來看：他的**表情淡漠**（blunted affect）、**自現實自閉退縮**（autistic retreat from reality）、**社會功能退化與憂鬱自殺傾向**等，都符合他所稱「進程精神分裂症」（process schizophrenia）[19] 的診斷。郭德曼（Goldman）醫師則認為，辛克利可能符合「分裂病性人格疾患」（schizotypal personality disorder）與「邊緣性人格疾患」（borderline personality disorder）兩個診斷，他則傾向採用前者作為主診斷。第三位醫師則認為他是一位只有負性症狀表現的精神分裂症患者，第四位臨床心理師根據其標準化心理測驗結果，認為辛克利比較具有「邊緣性人格疾患」以及「妄想性人格疾患」（paranoid personality disorder）的傾向。所有辯方證人都認為，辛克利有重度憂鬱症（major depressive disorder），辛克利行為時，是處於精神病狀態。

檢方兩位專家證人，其中一位醫師認為辛克利有「自戀性人格疾患」（narcissistic personality disorder）和「類分裂性人格疾患」（schizoid personality disorder），另一位是聯邦矯治所的精神科醫師，認為辛克利有「自戀性人格疾患」。兩人都認為，辛克利縱使想法與行為奇特怪異，但是，都不符合精神病狀態。[20]

　　檢方也指出辛克利的學業表現不差，他還可以四處旅行，能力也算是不錯，給茱蒂・福斯特的信件內容中顯露對於電影的過度認同，只是一種平常人的幻想和文學抒發。[21]至於辯方認為辛克利過度認同電影人物，而將虛構女友林恩描繪成類似《計程車司機》中，男主角崔維斯・拜克爾原本喜歡的總統候選人助理貝琪（Betsy）[22]，檢方則認為這件事只是代表他能力不錯，會說謊來讓自己獲益[23]，並且指出他向精神科醫師宣稱玩過「俄羅斯輪盤」，其實是羈押九個月後才出現的說詞。除此之外，檢方也找到辛克利案發前在丹佛與華盛頓中央公園飯店住宿的旅館女服務員以及逮捕他的聯邦幹員，都出庭作證指認與辛克利接觸的經驗來看，他表現一般，沒有什麼特別不尋常的狀況。[24]

　　在檢辯攻防之後，陪審團將對這案件作成決定。

　　法官給予陪審團的指引，刑事犯罪證據常提到的「合理懷疑」，後來也是所謂精神異常抗辯改革的焦點，算是相當詳盡：

> 　　如果公正地比較和考量所有的證據之後，你可以坦誠地說你有這樣的疑問，這對你而言具有重要性，導致你猶豫而無法下決定，那麼你有一個合理的懷疑。但是，如果經過公正地比較和考量所有的證據，並充分考慮到可假定被告為無辜的所有證據後，你可以誠實地說，你對於被告有罪的堅定信念，就算是在對你個人而言，更沉重、更嚴肅和重要的事情上，也不會導致你猶

豫不決，那麼你沒有一個合理的懷疑。[25]

在美國刑事案件中要證明被告刑事上有罪，檢方必須提出有超越合理懷疑的證據讓陪審團信服；再者，在華盛頓特區法院，檢方必須超越合理懷疑地證明被告並無精神疾病或心智缺陷，或者是即使其疾病或缺陷存在，其行為也超越合理懷疑地沒有受到實質影響。

因此，法官繼續提到精神異常抗辯部分，對於陪審團的指引：

> 法律規定陪審團應做出因精神異常而無罪的判定：如果被告在犯罪行為時，因為精神疾病或心智缺陷的結果，缺乏使其行為依循法律要求的實質能力，或者是，缺乏實質能力去感知其行為的違法性。[26]

這就是我們已經相當熟習的美國法律學會模範刑法典對於精神異常無罪的建議。在1972年後，為聯邦法庭以及美國多數州所遵循。

其後的陪審團指引，可以總結地了解法庭上的運作：

> 每個人都被假定為心智健全。也就是說，無精神疾病或心智缺陷，並且必須對其行為負責。
>
> 然而一旦證據指出，他可能有精神疾病或心智缺陷時，這項假定就不復存在。

「精神異常」一詞，不需要被告呈現時間或地點的定向感缺失。

「精神疾病或心智缺陷」，不管其醫學標籤為何，包括任何實質地影響其心智或情緒過程，以及實質地損害其行為控制的異常心智狀況。

「行為控制」一詞，是指一個人調節和控制自己行為和行動的過程與能力。

政府的舉證責任是要超越合理懷疑地證明，被告在1981年三月三十日並未罹患精神疾病或心智缺陷，抑或，被告於當日仍然有實質能力，可以讓他的行為依循法律要求，或者是可以感知自己行為的錯誤性。如果政府沒有辦法確認前述情形，超越合理懷疑地讓諸位消除疑慮，那麼諸位應當判定因精神異常而無罪。[27]

陪審團指引其實就很清楚地表達，在1962年同樣是華盛頓特區，上訴法院的麥克當諾判決（McDonald decision）所立下的舉證責任規範，不過，這時的精神異常抗辯準則，則是採用美國法律學會模範刑法典法則。[28]

總言之，如果被告未提出任何精神異常的證據，法院無需證明其心智健全；但是，一但被告提請精神異常抗辯，政府檢察官就必須「超越合理懷疑地」證明被告沒有精神疾病或心智缺陷，或者是，被告即使有精神疾病或心智缺陷，前述情形都沒有「實質地」影響被告「感知其行為錯誤性」（廣義的認知準則），或是，「使其行為依循法律的要求」（控制準則）。

根據律師的建議，被告沒有出庭作證，1982年六月二十一日，經過三天閉門討論後，約翰‧辛克利被法庭陪審團判定因精神異常而無罪。

之後他被送入華盛頓特區的聖伊莉莎白醫院進行治療，迄今仍然住在那裡。

全民運動：抨擊精神異常抗辯

美國人普遍對此一判定感到震驚，媒體與各界充斥著對於判決的批評。[29]美國著名的司法精神醫學學者保羅‧艾波鮑姆（Paul Appelbaum）形容，當時好像是整個美國社會坐上陪審團位置，然後做出一致的判定，認為辛克利應該為其行為受罰負責。[30]

然後，站在被告證人立場的精神醫學專家，還有精神異常抗辯的立法，這時候就站上了被告的位置。

艾波鮑姆指出，辛克利審判後，改革的浪潮分為以下幾個重點：限縮精神異常抗辯、廢除精神異常抗辯或替代精神異常抗辯、改變舉證責任（burden of proof）、限制專家證詞以及因精神異常而無罪的留置問題。[31]

因精神異常而無罪的留置

與大西洋彼岸的英國不同，在經歷過六〇與七〇年代，所謂去機構化（de-institutionalization）的美國精神醫療，原本已經逐漸擺脫將嚴重精神疾病患者，或者是犯過罪的病患，長期

留置於醫院的時代。嚴重精神疾病患者包括因精神異常而無罪者，可以基於醫療上的評估在數年後或短期內，回到社區。

　　辛克利案後，因精神異常而無罪的病患，再次可能面臨長期——如果不是終身——留置於醫院的命運。[32]如我們在達倫案件中所看到的，當時病患因精神異常而無罪，出院與否多半仰賴其醫療機構的判斷，而未必有一套標準法定程序（達倫本人就數度進出醫院）。

　　不過，在1980年代及辛克利案後的案件，病人如果具有危險性，就可能被留置於醫院，甚至於超過如果被判有罪應服的最高刑期，而且之後每次評估時，病患皆須舉證自己不再具有危險性，或是精神不再異常，正如1983年美國聯邦最高法院對於鍾斯（Jones）判決所揭示的原則。[33]批評者認為，聯邦最高法院基於公共安全與危險性的決定，對病患而言，根本就是「將鑰匙給丟了」（throwing away the key）。

　　由於因精神異常而無罪的病患多半必須長期留置，加上無受審能力的嚴重精神疾病患者也留置在醫院中，以及，因為微罪入獄，或是無法讓自己得到適當辯護的精神疾病患者集中於看守所，或再度因病轉送至醫院，形成在去機構化運動後一波反挫現象，這時病患不再因病大量地留置於醫院，而是因犯罪而留置於監獄、病監或醫院，學者於是稱之為轉機構化（trans-institutionalization）或再機構化（re-institutionalization）的現象。[34]

力圖改革：限縮、廢除或替代

美國精神醫學會在1982年年底，發表對於精神異常抗辯的立場聲明。[35]

關於精神異常抗辯所仰賴的準則，美國精神醫學會在聲明中特別說明，感知（appreciate）與知曉（know）的差別，未必會呈現在審判或陪審團判定裡，但是，學會的立場顯然不支持控制準則。美國精神醫學會當時認為：[36]

> 然而，很多精神科醫師相信，對於決定被告是否理解他的行為本性，或者是他是否感知其行為的錯誤性的精神醫學資訊，相較於，舉例而言，運用精神醫學資訊來決定被告是否可以控制自己的行為，前者更為可靠也具有更強的科學依據。無法抗拒的衝動與未加以抗拒的衝動之間的差別，或許並不比暮光（twilight）與薄暮（dusk）之間的差別更為明顯。精神醫學是一門決定論的學科，認為所有的人類行為，在相當大程度上，是被某種原因「所造成」的。意動（volition）的概念，確實是精神科醫師間意見分歧的主題之一。因此，許多精神科醫師認為，相對於被告是否感知或理解其行為的精神科證詞，意動的精神科證詞（特別是具有結論性的性質）很容易讓陪審員產生混淆。

聲明接下來抨擊了達倫法則，特別是所謂產物法則的部分，讓許多疾病如人格疾患，由於衝動控制缺損的問題，而成

為精神異常抗辯的理由。美國精神醫學會接著說明：[37]

> 容許因精神異常而無罪的案件，納入主要表現為
> 「人格疾患」，例如社會病態人格（sociopathy）的人，
> 並不符合現代精神醫學的知識，也不符合在一定程度上
> 這類人對於其行為是可以加以控制的精神醫學信念。反
> 社會人格疾患個案，至少基於啟發式學習的理由，應該
> 對其行為負責。因此，美國精神醫學會建議，對於精神
> 異常抗辯準則的任何修訂，應該指出，可能導致這種辯
> 護的精神疾病，必須是嚴重的精神疾病。這些疾病應該
> 通常是指精神科醫師，在嚴重程度上（如果並不總是在
> 性質上），稱之為各類精神病（psychoses）的疾病。

聲明中特別引用維琴尼亞大學教授理察‧邦尼（Richard Bonnie）的主張：[38]

> 被訴刑事犯罪的人，如果被證明因為精神疾病
> （mental disease）或心智障礙（mental retardation）[39]，他
> 無法感知在犯行當下其行為的錯誤性時，他應該被判定
> 因精神異常而無罪。
>
> 在運用這項準則時，精神疾病或心智障礙只包括極
> 度且明顯地損害一個人對於現實的知覺與理解的嚴重異
> 常心智狀態，並且不可以主要歸因於自主地使用酒精或
> 其他精神作用物質。

簡言之，1982年美國精神醫學會所稱的準則，是幾近於馬克諾頓法則，至少是否定了控制準則或衝動控制準則。而其所針對的疾病或障礙，必須是類似於嚴重精神疾患或所謂的精神病狀態。

同樣出於理察‧邦尼的影響，美國律師協會（American Bar Association）也採取相當接近的立場。[40]

相對地，1983年美國醫學會（American Medical Association）則提出立場聲明，主張廢除精神異常抗辯！根據芝加哥大學法律學者諾佛‧莫里斯（Norval Morris）的學說，改用法律觀念「犯罪意圖」（criminal intent, *mens rea*），來界定這些病人。莫里斯對於「犯罪意圖」採取限縮的觀念，加害者有意圖地實行其犯罪行為，就是具有犯罪意圖；過往認為全然瘋狂或是野獸的狀態，自然沒有「犯罪意圖」，因此無罪。同樣地，癲癇的病人或是夢遊者如果犯罪，自然也就沒有犯意。罹患妄想症的病人，雖然腦子裡認為自己遭到無線電波轟炸而去攻擊路人，但因他具有行為意圖，自然不可以稱其無犯罪意圖而不起訴或無罪。[41]所以這種觀念，自然不贊成後來對於「犯罪意圖」採取較為寬廣的解釋，即認為對於行為的認識與控制能力也屬於犯罪意圖的一部分，而藉此讓精神異常者無罪。

實際上在辛克利案件之前，愛達荷州與蒙大拿州就以這樣的概念，而廢除了精神異常抗辯。

雷根政府提出所謂「反擊犯罪法案配套措施」（anti-crime package）的全面犯罪控制法案（Comprehensive Crime

Control Act, CCCA），配合美國國會的聽證與一連串立法，進行三項主要改變：首先，限縮精神異常抗辯；其次，變更舉證責任所在以及規範專家證詞。

1984年十月十二日精神異常抗辯改革法案（Insanity Defense Reform Act, IDRA）立法後由總統簽署，成為聯邦法院的準則：[42]

> 被告因為一種嚴重精神疾病或缺陷而導致其無法感知行為的本性與特質，或者是其行為的錯誤性。除此之外，精神疾病或缺陷並不構成其抗辯成立。

還記得模範刑法典對於責任能力是如此描述：[43]

> 當任何人由於精神疾病或心智缺陷之結果，以致在犯行當時，缺乏感知自己行為之犯罪性、或使自己行為合乎（confirm）法律要求之實質能力者，對其犯罪行為不需負責。

換言之，聯邦法採用了1982年美國精神醫學會以及美國律師協會的基本主張，除了維持「感知」（appreciate）以取代馬克諾頓法則中「知曉」（know）一詞之外，聯邦法也取消了模範刑法典法則中「實質能力」（substantial capacity）的說法，幾乎是回到了馬克諾頓法則。[44]

有十州在辛克利案後改變精神異常抗辯的立法，多半是修

正認知準則的條文，朝向聯邦立法或是馬克諾頓法則限縮認知準則，同時全部都廢除了衝動或控制準則。[45]

另有四州廢除了精神異常抗辯，包括堪薩斯州、蒙大拿州、愛達荷州及猶他州。[46]不過值得提出的是，蒙大拿州、愛達荷州的廢除早於辛克利案。

至於不廢除也不限縮的方案，在尋找精神異常抗辯替代方案部分，有幾州也將精神異常而無罪之外，增加「有罪但有精神疾患」（Guilty but Mental Ill, GBMI）。[47]這樣一來，提出精神異常抗辯，可能會得到兩種結果，一種是精神異常而無罪，或是有罪但有精神疾患。同一時間裡，最多曾高達十三州（超過全美四分之一）採用這種立法。[48]美國精神醫學會自始自終反對這種替代案，除了避開這些病人在法律與道德上是否應該負責的核心問題外，還因為這些州雖然對於精神疾病的認定採取比較寬鬆的觀點，但是判決後，仍然多數是留置於監獄裡，因為經費或場所的適當性等問題，其疾病終究無法獲得適當治療。[49]事實上這個替代方案，如美國律師學會、美國醫師學會等專業團體都不支持。[50]

舉證責任與專家證詞

至於相應的舉證責任，聯邦法案建議，由原本檢方需提出「超越合理懷疑」的證據以證明被告無精神異常，改為由辯方必須提出「明確而可信服的證據」（clear and convincing evidence）來證明被告確實有精神異常[51]。

正如本案受害者，雷根總統用相當常識性與平民的語言所

表達的說法：[52]

> 如果你開始去想想你許許多多的朋友，你會說：
> 「天啊，要我證明這些人心智健全，這可是件難事
> 呀」。

　　確實，原本的要求要檢方證明一個人心智健全，在實務上
或者是邏輯上，就已經不容易達成，何況是要提出「超越合理
懷疑的證據」？批評者也指出，如果犯罪是一種異常行為，那
麼，怎可能證明一位罪犯是心智健全的呢？

　　原本過半的州以及聯邦轄區，是要求檢方需「超越合理
懷疑」地證明被告精神無異常，現在則是要求被告須負舉證
責任。舉證責任部分，有三分之二以上（37比51）的州或
轄區，要求被告負擔舉證責任，不過，多數並非如聯邦法律
要求之「明確而可信服的證據」，而是所謂的「優勢證據」
（preponderance of evidence）。[53]

　　美國精神醫學會在其1982年立場聲明中，並沒有對舉證
責任表達立場。[54]不過，聲明中指出兩點：第一，精神醫學
證據通常沒有辦法達到提供足夠清楚的程度，可以符合超越
合理懷疑的證據要求，這在1979年美國最高法院對艾丁頓
（Addington）案件的判決就已經指出；其次，舉證責任轉移
到辯方，一般相信會減少精神異常抗辯的成功率，但實際影響
如何，還有待實證研究證明。[55]

　　美國律師協會原本期望在舉證責任部分，做出不一樣的建

議。該會主張如果該州，維持認知準則與控制準則兩者都可用於精神異常抗辯的話，舉證責任仍然歸給辯方（被告）。然而，如果該州廢除了控制準則，只留下認知準則用於精神異常抗辯的話，這樣對被告來說已經相當困難，舉證責任就應該歸給檢方。[56]簡單來說，如果精神異常抗辯準則比較嚴格（只採用認知準則），舉證責任就歸給檢方；如果準則比較寬容（容許控制準則適用），那麼，就由辯方來負責證明被告的精神異常。

不過顯然雷根總統那種常識性的平民言論，比較得到國會與各州認同。

至於專家證詞部分，修法方向則朝向限制或禁止專家證人，直接推論被告於行為時的精神狀態，是精神異常或不是精神異常？是否符合精神異常抗辯？美國律師協會也表示同意，認為如此一來，可以避免掉所謂「專家的戰爭」（battle of experts）。

美國精神醫學會則認為所謂專家戰爭，一部分來自於法庭上讓專家證人去回答終極問題（ultimate issues）的結果。美國精神醫學會認為所謂終極問題，也就是最終的法律認定精神異常與否的事實，本來就是陪審團的工作。[57]在其1982年立場聲明中，美國精神醫學會就明確表明不反對限縮專家致詞此項修法，並且說明「事實上，在許多刑事犯罪精神異常審判裡，檢方與辯方的精神科醫師，對於被告於犯行當時，所展現出來的精神疾病的本性以至於疾病程度，都表示一致」，因此這樣的修法，不會妨礙專家證人於法庭上的角色。

1984年美國國會通過聯邦證據法（Federal Rules of Evidence）第704條修正：[58]

> 在刑事案件中，關於被告精神狀態，提供證言的專家證人，對於被告的精神狀態是否可以構成被起訴罪行或是為其罪行抗辯的元素此一問題，不得發表意見或推論。這樣的終極議題，只能留給判斷事實的陪審員去決定。

許多州也達成類似立法。

改革成效

到了1990年代，美國學者開始討論，在大張旗鼓地改革精神異常抗辯以及相關程序後，到底產生了何種效果？

艾波鮑姆回顧了各項改革，其中許多資料來自於社會學者亨利・史戴德曼（Henry Steadman）所主導的一系列比較修法前後以及追蹤研究的結果。[59]

廢除精神異常抗辯

蒙大拿州在1979年在辛克利案件發生前，就廢除了精神異常抗辯（not guilty by reason of insanity, NGRI），之後仍然可以訴求無「犯罪意圖」（mens rea）抗辯。廢止前三年，每半年大約就有三至十四件判定NGRI案件；廢止後三年，只有五

件判定無「犯罪意圖」。就此而言，似乎成功地減少了因精神狀態而脫罪的案例。

但是史戴德曼等人發現，廢止後四年內，訴請以「犯罪意圖」抗辯的人數並沒有降低，而且有許多犯罪者被認為「無受審能力」（incompetent to stand trial, IST）而送至醫院留置，而且其中79%最後罪名取消或轉向處遇。回顧廢止前，約有72%的IST個案最後被認為是NGRI。研究認為這些人數在廢除前後均相當接近，而有趣的是，廢止前後他們可能都住在同一家醫院、同一間病房，不過在廢止後，住院期間卻逐年降低，因為經過治療，罪名取消或轉向處遇，也就出院了。[60]

史戴德曼研究團隊做出這樣的結論：[61]

> 改革後，多數精神疾病或心智缺陷個案都在刑事司法系統形成裁決前被清除掉。他們被認定為IST無受審能力，罪名被取消或轉向，他們被移送到過去NGRI成立後同樣的醫院首肯的環境裡。失去了一條通道，法律與精神衛生系統只是找到另一條通道來達成原本的目的。如果一個人的精神狀態被認為足以構成減輕犯罪責任，他們就會被認為無受審能力，留置在他們過去被認為是NGRI的同一家醫院同一間病房。

其他研究則指出，猶他州在1983年廢除精神異常抗辯，在此之前，十年內有七名被告判定NGRI，廢止後兩年，也有七名判定無犯罪意圖成立。換句話說，個案數並沒有減少，反而

增加，而且分析廢止後七名個案，全部都是與檢察官罪刑協商後成立的，沒有一件是由陪審團判定的。[62]

限縮法律準則

在1950年代與1960年代，由馬克諾頓法則過渡到模範刑法典法則期間，多數研究與觀察都發現到，精神異常抗辯成功的案例增加，比如在華盛頓特區。不過也有少數例外，例如在懷俄明州和密西根州，並沒有明顯改變。大致上來說，那是個對於嚴重精神病患回歸社區，或者是豁免刑責比較寬容的時代。[63]所以，當時代氛圍不同，如果法律規範限縮，到底會造成何種效果呢？

加州在1982年七月將原本依循模範刑法典法則的情形，更動為類似馬克諾頓法則，而排除控制或衝動準則的立法。史戴德曼研究團隊發現，加州在改革法案之後，無論在提出精神異常抗辯的人數與抗辯成功的人數都明顯減少。但是研究者進一步分析後卻發現，其實在1979年加州立法改變NGRI住院留置的時間規定後，精神異常抗辯的提出就逐年下降，因為加州最高法院裁定，NGRI可以在醫院中留置最長的可能時間，而且無須因行為表現良好就得以出院，這與刑事犯罪者在監獄服刑的規範反而不同。因此，對於提出精神異常抗辯者而言，反而是更長時間地失去自由。[64]

由於加州NGRI者住院留置時間的變革在先，導致提出抗辯人數在法案改革前後並沒有明顯的差別。

舉證責任

舉證責任的影響，似乎是改革成效比較明顯的部分。紐約州與喬治亞州分別在1984年與1978年將舉證責任改由辯方承擔，史戴德曼研究團隊發現，無論是提出精神異常抗辯或是NGRI成功的比例，都明顯下降。[65]

有罪但有精神疾病

「有罪但有精神疾病」（guilty but mental ill, GBMI）1975年在密西根州首開先例。在追蹤六年後，提出NGRI的比例與獲判NGRI的數目，並沒有明顯增加或減少。乍看之下，GBMI的出現並沒有取代NGRI。不過，這發現

> **你知道嗎？**
> 據美國史戴德曼團隊的一項研究統計，平均每百萬起重罪案件，只有不到1%提請精神異常無罪抗辯，成功率為26%；換言之，僅有千分之三左右重罪案件因而無罪。

有不同的解讀，其他學者認為，如果考慮提起NGRI的比例其實在1975到1981年間增加了三倍，但獲判NGRI的比例沒有因此增加，或許GBMI的出現的確抑制了NGRI的成長。[66]

史戴德曼團隊針對喬治亞州的研究則指出，1982年引進GBMI的前後三年，提起NGRI的比例在前後都無明顯變化，不過獲判NGRI的比例，在改革前即逐漸減少。整體而言改革成效不明確，不過在重罪部分，提起NGRI的比例在改革前為20%，改革後則降為7%，其中有25%判定為GBMI；定罪率部

分，謀殺罪在改革前為75%有罪，改革後則降為50%，所以，GBMI顯然是部分來自於提起NGRI者，部分則來自於改革前可能被判刑定罪者。[67]

進一步了解GBMI的來源，可以分析改革的目的與成效。在喬治亞州，75%的GBMI來自罪刑協議，19%來自於非陪審團審判的法庭審判，只有6%出於陪審團判定；在密西根州，60%來自於訴訟協議，20%出於陪審團判定；在賓夕法尼亞州，82.5%出於訴訟協議；在南卡羅來納州，沒有任何GBMI來自陪審團判定。史戴德曼團隊研究分析喬治亞州謀殺案件中GBMI成立者，發現，GBMI成立者所判的刑期，比他們如果提出NGRI失敗而獲判的刑期還要長。所以，提出GBMI的理由相當令人困惑。研究認為，由於GBMI成立者均未被判死刑，很可能是檢察官提出GBMI以作為減刑的條件，而法庭也認同了。

艾波鮑姆認為，辛克利案件後，對於精神異常抗辯的改革成效不彰，最大的原因來自對於精神異常抗辯與相關問題的諸多誤解。這些誤解認為，陪審團被精神科醫師誤導性的言詞與專業黑話所混淆，將「壞人」當成「瘋人」，所以讓許多人因為精神異常抗辯而脫罪，在醫院中也很容易獲得釋放，因此讓「法律與秩序」（law and order）遭到極大損害。[68]

據史戴德曼團隊的統計，八個州，將近百萬起重罪案件，只有接近1%提起因精神異常無罪抗辯，成功率則為26%。換言之，僅有千分之三左右重罪案件因而無罪。實在很難說這是一種常見而明顯地破壞「法律與秩序」的情況。再者，以美國

的情形來看，對常見達成精神異常無罪的情形，將近八成來自
於罪刑協議過程，其次是非陪審團法庭審判，陪審團判決只占
一成以下。所以，如果真的有人被「詐病」所「愚弄」，反而
不是天真的陪審團，而是強悍的檢察官和審判法官。[69]

　　就結果而言，對於精神異常抗辯以及相關程序的改革，在
表面上看來，最明顯而持續的現象，就是因精神異常而無罪者
或是由於其他原因（有罪但有精神疾病，或是無受審能力等
等）被留置於醫院的期間愈來愈長。但是，這樣的情形必非單
純來自於對精神疾病犯罪者的處遇單方面的改變。整體而言，
這是美國社會對精神疾病所潛藏危險性的集體反應。正如1990
年代拉芳（Lafond）與達倫（Durham）在《回到精神病院》
（*Back to the Asylum*）以及艾波鮑姆在《幾乎成為一場革命》
（*Almost a Revolution*）都已經憂心地指出，政治與社會態度
的轉向，讓嚴重精神疾病患者處於「眼不見，心不煩」（out
of sight, out of mind）的處境，表面上是回歸社區的允諾與幻
境，實際上則是禁錮在監獄與長期收容型醫院裡。

　　而這種趨勢與結果，就目前看來，似乎還看不到回頭的可
能性。

　　只不過近年來，除了住院留置之外，精神異常抗辯的規範
又逐漸轉向。聯邦法院的規範沒有再度更動，但是許多州都
回復到模範刑法典，或者是馬克諾頓法則合併控制準則的情
形。[70]

　　蒙大拿州、猶他州以及愛達荷州維持廢除精神異常抗辯，
採用有罪但有精神疾患的判定，亞利桑那州採用類似判定。而

阿拉斯加州、印第安納州、喬治亞州、賓夕法尼亞州則仍混和因精神異常無罪與有罪但有精神疾患或有精神疾病的判定。[71]

　　除了三州廢除精神異常抗辯外，其他四十七州以及華盛頓特區，則多數回復或維持因精神異常而無罪的判定（然而在名稱上，許多州都改為「因精神疾病或缺陷而無罪」的說法）。十六州採用模範刑法典，六州採用模範刑法典但註明其他限制；十八州採用馬克諾頓法則，八州採用馬克諾頓法則合併其他原則，例如有五州加入控制或衝動準則，有二州強調行為的本性與特質、而非行為的違法性，一州則加入妄想衝動準則。

　　2007年美國精神醫學會發表支持精神異常抗辯的聲明，但是，仍然主張抗辯須限定於嚴重精神疾病：

　　　嚴重精神疾病可能實質地損害一個人運用理性去理解以及抑制其違法行為的能力。美國精神醫學會強烈支持精神異常抗辯，因為精神異常抗辯可以提供予我們的刑事司法體系一個機制，用以承認對於行為時心智功能實質受損的人，給予處罰是不公平的。

　　須特別強調的是，在2007年的聲明中也說明，嚴重精神疾病不只是重大精神科疾病（major psychiatric disorders），還包括發展障礙以及其他原因所造成的心智缺損（例如嚴重頭部創傷），這些符合精神異常抗辯法律標準的情形。[72]

　　值得注意的是2007年的美國精神醫學會已經不再堅持1982年的立場，雖然並不表明支持或反對控制準則，但對於精

神異常抗辯準則採取比較開放的態度：[73]

　　　　美國精神醫學會不偏向支持任何一種關於精神異常
　　抗辯的法律標準，只要該標準足夠寬廣到可以有意義地
　　看待嚴重精神疾患對於個人罪責（culpability）的影響。

註釋

1　《紐約時報》記者的報導，引用辛克利寄給媒體的信件。原文可見於《紐約時報》目前留存的電子網頁：http://www.nytimes.com/1982/07/09/us/hinckley-hails-historical-shooting-to-win-love.html。原文為：「My actions of March 30, 1981 have given special meaning to my life and no amount of imprisonment or hospitalization can tarnish my historical deed. The shooting outside the Washington Hilton hotel was the greatest love offering in the history of the world. I sacrificed myself and committed the ultimate crime in hopes of winning the heart of a girl. It was an unprecedented demonstration of love. But does the American public appreciate what I've done? Does Jodie Foster appreciate what I've done? Doesn't Anyone Understand?」

2　主要參考書籍為Richard J Bonnie, John C Jeffries Jr & Peter W Low: *A Case Study in the Insanity Defense: The Trial of John W Hinckley, Jr., Third Edition*. Foundation Press: New York 2008. 兩本書籍關於辛克利的生活與案件細節，是由長達7342頁的審判手稿中整理所得，出自於法庭檢辯與雙方證人所描述之資料，其中許多資料應當是與被告會談所得。

3　*A Case Study in the Insanity Defense*, p 24.

4　Ibid., p 25.

5　Ibid., p 27.

6　1980年十二月八日深夜，藍儂在位於紐約中央公園附近著名的達科塔公寓（Dakota Apartment）外被瘋狂歌迷槍殺。藍儂身亡後兇手待在原地，二分鐘左右警方到達當時，手上還拿著《麥田捕手》一書，他是住在夏威夷的二十五歲青年馬克・查普曼（Mark Chapman）。曾經當過保安人員的查普曼，在事發前兩天來到紐約，住在離藍儂家九個街區遠的基督教青年會裡，並和許多崇拜者一起在藍儂的住家門口等候，希望得到藍儂的親筆簽名。查普曼如願以償得到藍儂簽名的幾個小時後，他再度到藍儂的寓所前，等候機會開槍。兇手遭警方逮捕時，身上還帶著藍儂親筆簽名的紀念冊。審判過程裡，他始終沒有說出自己殺害藍儂的動機。

現在公園西側的草莓園是藍儂遺孀小野洋子（Yoko Ono）為了紀念丈夫遇刺所修建，取名為草莓園，來自1966年的著名歌曲：〈永遠的草莓園〉（Strawberry Fields Forever），地點就在一街之隔的達科塔公寓斜對街。草莓園正中央留下星形、黑白相間的馬賽克圖形，中央為「IMAGINE」的字樣，也出自於藍儂著名反戰歌曲〈Imagine〉。草莓園　花草樹木有一百二十一個國家認養捐贈，所以稱為和平公園（Garden of Peace）。

草莓園於1985年十月九日藍儂四十五歲生辰正式揭幕。相關資訊請見紐約中央公園之草莓園的官方網址：http://www.centralparknyc.org/things-to-see-and-do/attractions/strawberry-fields.html

7　*A Case Study in the Insanity Defense*, p 28.

8　Del Quentin Wilber: *Rawhide Down: the Near Assassination of Ronald Regan*. Henry Holt and

Company: New York 2011, p 21.

9 Ibid., p 22.

10 Ibid., p 23.

11 Ibid., p 20.

12 Ibid., p 23-24.

13 Ibid., p 77-82.

14 Ibid., p 111.

15 雷根遇刺是相當意外的事件，也反映當時祕勤局慌了手腳。當天兩位員警與幹員都是直覺地用身體擋子彈，相當盡職。至於到醫院後也是相當混亂，遑論當時有所謂的標準作業流程。到喬治華盛頓大學醫院掛急診，沒人接應；進入急診和創傷治療室（trauma bay），接應的醫護人員都很驚訝，居然是總統。急診登錄人員起初在寫病人姓名時還問，「姓氏？」「雷根」，「名字？」「隆納」，「住址？」「賓夕法尼亞大道1600號」。這時工作人員才愣住，隨行祕勤局人員立即接著說，「沒錯，在你們那裡面的，正是美國總統」。至於有名的問話，「我希望你們都是共和黨人」，雷根講了兩次，一次在急診，一次在手術室麻醉前。第一次問時，急診創傷小組以及祕勤局幹員大家都慌了，沒有人回應他；第二次再問，主刀醫師約瑟夫·喬丹諾（Joseph Giordano），這位忠貞的民主黨人，確實地回答了「總統先生，今天，我們都是共和黨人」。參見*Rawhide Down: the Near Assassination of Ronald Regan*, p 80, p 88-89, p 107-108。至於在急診室，雷根第一次說，希望你們都是共和黨人，見該書頁120；第二次在手術室，則見於頁147。

16 *A Case Study in the Insanity Defense*, p 1.

17 Ibid., p 29. 當時是位於北卡羅來納州（North Carolina）Butner的中型看守所。

18 威廉·卡本特（William T. Carpenter Jr.）目前仍活躍於美國精神醫學界，主要研究精神分裂症（中文現稱思覺失調症）與各類精神病相關議題，涵蓋診斷學、治療與藥物學研究，以及醫學倫理。

19 源自於歐陸的精神醫學傳統，常提出所謂核心精神分裂症（nuclear schizophrenia）或進程精神分裂症（process schizophrenia）的概念。有別於一般常認為精神分裂症患者就是呈現幻覺、怪異的思考、言語與行為，以及妄想等等，這類核心或進程的臨床表現，主要表現為社會退縮，各項能力退化，情緒、思考、行為與認知判斷等能力逐漸減退，而於現實生活中造成其疾病對自我照顧與社會生存適應的重大影響。Robert J Campbell R: *Psychiatric Dictionary, Ninth Edition.* New York: Oxford University Press. 2009, p 785-786.

20 *A Case Study in the Insanity Defense*, p 29.

21 Ibid., p 27.

22 電影裡由女演員西碧兒·雪佛（Cybill Shepherd）飾演。

23 關於辛克利的思想與行為，除審判紀錄外，也可以參考William J Winslade and Judith Wilson Ross: *The Insanity Plea: the Use & Abuse of the Insanity Defense.* Charles Scribner's Sons: New York 1983, p 181-97.

24 *A Case Study in the Insanity Defense*, p 30.

25 關於舉證責任，「超越合理懷疑」（beyond a reasonable doubt）的部分，絕對是美國

法律關於證據認定的重點。但是，此一領域並非筆者專擅，個人能力也難清楚解釋，同時這部分也並非系列文章原本設定的焦點。在此引用主要是這個陪審團指示，在相當程度上影響到判定結果。*A Case Study in the Insanity Defense,* p 115-116. 原文為：「If after an impartial comparison and consideration of all the evidence you can candidly say that you have such a doubt as would cause you to hesitate to act in matters of importance to you yourself, then you have a reasonable doubt. But if after such an impartial comparison and consideration of all the evidence and giving due consideration to the presumption of innocence which attaches to the defendant, you can truthfully say that you have an abiding conviction of the defendant's guilt such as would not cause you to hesitate to act upon in the more weighty and more serious and important matters relating to your personal affairs, then you do not have a reasonable doubt.」

26　Ibid., p 116. 原文為：「The law provides that a jury shall bring in a verdict of not guilty by reason of insanity if at the time of the criminal conduct the defendant, as a result of mental disease or defect, either lacked substantial capacity to confirm his conduct to the requirements of the law or lacked substantial capacity to appreciate the wrongfulness of his conduct.」

27　Ibid., p 117. 原文為：「Every man is presumed to be sane. That is, to be without mental disease or defect, and to be responsible for his acts. But the presumption no longer controls when evidence is introduced that he may have a mental disease or defect. The term "insanity" does not require a showing that the defendant was disoriented at the time or place. "Mental disease or defect" includes any abnormal condition of the mind, regardless of its medical label, which substantially affects mental or emotional processes and substantially impairs his behavior controls. The term "behavioral controls" refers to the processes and capacity of a person to regulate and control his conduct and his actions. The burden is on the Government to prove beyond a reasonable doubt either that the defendant was not suffering from a mental disease or defect on March 30, 1981, or else that he nevertheless has substantial capacity on that date both to confirm his conduct to the requirements of the law and to appreciate the wrongfulness of his conduct. If the Government has not established this to your satisfaction, beyond a reasonable doubt, then you shall bring a verdict of not guilty by reason of insanity.」

28　Thomas Maeder: *Crime and Madness: the Origins and Evolution of the Insanity Defense.* Harper & Row, Publishers: New York 1985, p 94-96.

29　*A Case Study in the Insanity Defense,* p 121.

30　Paul S Applebaum: *Almost a Revolution: Mental Health Law and the Limit of Change.* Oxford University Press: New York 1944, p 171-172.

31　Ibid., p 173.

32　Ibid., p 179.

33　Ibid., p 179. 這個案件：JONES v. UNITED STATES, 463 U.S. 354 (1983)，可至下列網

址下載：http://caselaw.lp.findlaw.com/scripts/getcase.pl?navby=search&friend=kmarx&cou rt=US&case=/us/463/354.html。

34　John Q Lafond and Mary L Durham: *Back to the Asylum: The Future of Mental Health Law and Policy in the United States.* New York: Oxford University Press 1992, p 160-171.

35　American Psychiatric Association: *The Insanity Defense, Position Statement, 1982.*

36　見1982年聲明第五頁，原文為：「Many psychiatrists, however, believe that psychiatric information relevant to determining whether a defendant understood the nature of his act, and whether he appreciated its wrongfulness, is more reliable and has a stronger scientific basis than, for example, does psychiatric information relevant to whether a defendant was able to control his behavior. The line between an irresistible impulse and an impulse not resisted is probably no sharper than that between twilight and dusk. Psychiatry is a deterministic discipline that views all human behavior as, to a large extent, "caused." The concept of volition is the subject of some disagreement among psychiatrists. Many psychiatrists therefore believe that psychiatric testimony (particularly that of a conclusory nature) about volition is more likely to produce confusion for jurors than is psychiatric testimony relevant to a defendant's appreciation or understanding.」

37　見1982年聲明第6頁，原文為：「Allowing insanity acquittals in cases involving persons who manifest primarily "personality disorders" such as antisocial personality disorder (sociopathy) does not accord with modern psychiatric knowledge or psychiatric beliefs concerning the extent to which such persons do have control over their behavior. Persons with antisocial personality disorders should, at least for heuristic reasons, be held accountable for their behavior. The American Psychiatric Association, therefore, suggests that any revision of the insanity defense standards should indicate that mental disorders potentially leading to exculpation must be serious. Such disorders should usually be of the severity (if not always of the quality) of conditions that psychiatrists diagnose as psychoses.」

38　見1982年聲明第6頁，聲明內容引用自Richard J Bonnie: *The Moral Basis of the Insanity Defense.* American Bar Association Journal 1983; 69: 194-197. 原文為：「A person charged with a criminal offense should be found not guilty by reason of insanity if it is shown that as a result of mental disease or mental retardation he was unable to appreciate the wrongfulness of his conduct at the time of the offense.

As used in this standard, the terms mental disease or mental retardation include only those severely abnormal mental conditions that grossly and demonstrably impair a person's perception or understanding of reality and that are not attributable primarily to the voluntary ingestion of alcohol or other psychoactive substances.」

39　此處的心智障礙通常應該翻譯為「智能障礙」。但是細究其前後文義，似乎指涉包含了發展障礙（developmental disorder）等更為寬廣的定義，故採取較廣義的用語。

40　參見*A Case Study in the Insanity Defense*, p 129. 以及*Almost a Revolution: Mental Health Law and* *the Limit of Change,* p 176.

41　*Almost a Revolution: Mental Health Law and the Limit of Change,* p 174.

42　*A Case Study in the Insanity Defense,* p 130. 原文為：「the defendant as a result of a
　　severe, mental disease or defect, was unable to appreciate the nature and quality or the
　　wrongfulness of his acts. Mental disease or defect does not otherwise constitute a defense.」

43　參見*Crime and Madness,* p 97. 以及*The Insanity Defense,* p 87.

44　Richard Rogers & Daniel W Shuman: *Conducting Insanity Evaluation.* The Guilford Press:
　　New York 2000, p 81.

45　*Almost a Revolution: Mental Health Law and the Limit of Change,* p 176.

46　*A Case Study in the Insanity Defense,* p 135.

47　Ibid., p 131.

48　*Conducting Insanity Evaluation,* p 82.以及*A Case Study in the Insanity Defense,* p 132. 有罪但有
　　精神疾患的判決（GBMI），最早起源於1975年密西根州的判決，不過在辛克利案後
　　成為精神異常抗辯之外的替代方案，廣為美國各州採用。參見*Crime and Madness,* p 133-
　　138.

49　參見美國精神醫學會1982年聲明第5頁。

50　*Almost a Revolution: Mental Health Law and the Limit of Change,* p 180.

51　Thomas Maeder: *Crime and Madness: the Origins and Evolution of the Insanity Defense.* Harper &
　　Row, Publishers: New York 1985, p 147.

52　*Almost a Revolution: Mental Health Law and the Limit of Change,* p 171.

53　參見*A Case Study in the Insanity Defense,* p 133. 以及*Almost a Revolution: Mental Health Law and
　　the Limit of Change,* p 177.

54　*Almost a Revolution: Mental Health Law and the Limit of Change,* p 176.

55　見1982年聲明第6至7頁。這個案件：ADDINGTON v. TEXAS, 441 U.S.
　　418 (1979)，可至下列網址下載http://caselaw.lp.findlaw.com/scripts/getcase.
　　pl?court=US&vol=441&invol=418。

56　*Almost a Revolution: Mental Health Law and the Limit of Change,* p 176-177.

57　見1982年聲明第7頁。

58　參見A *Case Study in the Insanity Defense,* p 135. 以及*Almost a Revolution: Mental Health Law and
　　the Limit of Change,* p 177-178. 原文為：「No expert witness testifying with respect to the
　　mental state or condition of a defendant in a criminal case may state an opinion or inference
　　as to whether the defendant did or did not have the mental state or condition constituting
　　an element of the crime charged or of a defense thereto. Such ultimate issues are matters for
　　the trier of fact alone.」

59　Henry J Steadman, Margaret A McGreevy, Joseph P Morrissey, Lisa A Callahan, Pamela
　　Clark Robbins & Carmen Cirincione: *Before and After Hinckley: Evaluating Insanity Defense
　　Reform.* The Guilford Press: New York 1993.

60　*Almost a Revolution: Mental Health Law and the Limit of Change,* p 182.

61 *Before and After Hinckley: Evaluating Insanity Defense Reform,* p 136.

62 *Almost a Revolution: Mental Health Law and the Limit of Change,* p 183.

63 Ibid., p 183.

64 Ibid., p 184.

65 Ibid., p 184.

66 Ibid., p 187.

67 Ibid., p 188.

68 Ibid., p 189.

69 Ibid., p 190.

70 Rita J Simon and Heather Ahn-Redding: *The Insanity Defense, the World over.* Lexington Book: Lanham 2006, p 40-42.

71 關於美國各州以及華盛頓特區的情形，除參考前註解外，還可自美國聯邦政府司法部司法統計局（Bureau of Justice Statistics）網站下載關於各州法庭組織（State Court Organization）2004年報告，網址http://www.bjs.gov/index.cfm?ty=pbdetail&iid=1204。

72 American Psychiatric Association: *Position Statement on the Insanity Defense,* 2007.

73 Ibid., 2007. 原文為：「The APA does not favor any particular legal standard for the insanity defense over another, so long as the standard is broad enough to allow meaningful consideration of the impact of serious mental disorders on individual culpability.」

【第七章】精神異常抗辯別來無恙

　　從馬克諾論、達倫到辛克利案的改革，精神異常抗辯步履蹣跚地留下了兩世紀的歷史軌跡。從英國到大西洋彼岸的美國，各種準則的爭論與抗辯，也留下了優劣互見的結果。無獨有偶地，在所謂大陸法系的德國、法國、日本以及臺灣，即使在許多法律概念不相容於英美法的情形下，也發展出若合符節、或是似曾相似的精神異常抗辯立法。

普世原則：認知準則與控制準則

　　經過二百多年的演進，英美的精神異常抗辯準則，逐漸演變成認知準則（cognitive test）與控制準則（volitional test）兩大部分。正如人的心智，有認知，情緒以及意動三大層面，彼此之間互相影響、相互交涉[1]，而在判斷人類對於行為是否應負責時，則將認知、行為的辨識自成一類，意動的自我控制歸為另一類。

　　相對於認知與意動均自成一類，情緒不會自成一類而成為判準，可能有數個緣由，其一，對於馬克諾頓法則的批評之一，即是指出，認知與理解，總是有其情緒的部分，因此，模範刑法典法則，就以「感知」來代替「知曉」；其二，情緒影響到行為控制，也可以整合在意動的面向。因此，情緒對於行

為的影響，可以歸納或化約到兩大要素裡。至於在英美，確實存在著以「極端情緒困擾」（extreme emotional distress）為減輕責任或無罪的判例，算是少數以情緒本身獨立作為責任能力判準的例子。[2]

實際比較英美之外各國對於精神異常抗辯的立法，例如大陸法系的代表德國，其刑法第二十條：[3]

> 行為人與行為之際，由於病理之精神障礙，深度的意識障礙，心智薄弱或其他嚴重的精神異常，以致不能識別其行為違法，或不能依此識別而為行為者，其行為無責任。

該條文前段主要列出許多精神疾病與心智缺陷的情況外，後段還是強調，行為時的「知」（辨識）與「意」（控制）之雙重因素。

而我國刑法第十九條規範：

> 行為時因精神障礙或其他心智缺陷，致不能辨識其行為違法或欠缺依其辨識而行為之能力者，不罰。

我國學者張麗卿教授指出，刑法對於責任判定的心理學的標準，進一步分成：辨識其行為違法的「辨識能力」，以及依其辨識而行為的「控制能力」[4]。依循德國立法例[5]的我國刑法修正，自然也呼應著兩大要素或兩大準則的普遍性。

甚至受我國刑法修正草案影響，而先行立法修正的中華人
民共和國刑法第十八條，也是相同的原則：[6]

> 精神病人在不能辨認或者不能控制自己行為的時候
> 造成危害結果，經法定程序鑑定確認的，不負刑事責
> 任……

依我國學者林輝煌所言，關於精神異常抗辯的重點幾近相
若，遙隔歐美兩域不同法系之國家，竟然或不約而同殊途同
歸，究中緣由何在？頗值玩味。[7]而美國學者梅德認為，二戰
後，東歐與德國學者進入美國，各國觀念得以交流，而戰爭平
息後美國有關精神衛生的議題再度受到重視，也造成相關法律
的改革。[8]又如美國法律學者郭德斯坦指出，1953年英國死刑
議題皇家委員會對於馬克諾頓法則提出修正的建議，實際上影
響了美國法律協會的模範刑法典法則。[9]我們也很容易發現，
1975年西德新刑法修正，以及1974年日本改正刑法草案，也
充滿了美國模範刑法典法則的色彩，這是否意味著曾為美國占
領區的大陸法系重鎮西德與日本，也在此時受到英美法系的影
響？這或許是法律社會學、歷史學以及比較法學的學者，未來
可以解答的疑問。

存異求同之間，各國的差異又如何？馬克諾頓法則的創造
者英國，後來仍舊依循此法則，換言之，並未採納1953年自家
人提出的修正建議，而持續使用較為嚴格的標準。[10]實際上，
英國的嚴格標準也遭致許多抨擊與改革的要求[11]，但是，在採

納蘇格蘭地區減輕責任概念的1957年殺人法立法後[12]，對於謀殺罪，可以選擇採用無惡意預謀（malice aforethought）之新式法律概念判處減輕責任（diminished responsibility），然後根據其他法令接受治療後，發源地的異議之聲卻也消聲匿跡。

美國雖然歷經辛克利案件所引起的改革潮流，二十年後，實際上採用認知準則合併控制原則的州，還是占絕大多數，其中最多的是根據馬克諾頓法則合併控制準則，其次是依循模範刑法典法則或部分修正的準則。

值得澄清的是，減輕責任或部分責任（partial responsibility），如我國刑法第十九條第二段（法條正式說法是，第十九條第二項）：

> 行為時因前項之原因，致其辨識行為違法或依其辨
> 識而行為之能力，顯著減低者，得減輕其刑。

在英美法中，其精神異常抗辯成立與否，是全有全無的結果，簡言之，有精神異常則無罪，無精神異常則完全刑責，不似我國與許多歐洲大陸國家，有部分責任或減輕責任的一般性規範。只有在謀殺犯行時，依據英國殺人法之法律概念，對其缺乏謀殺意圖者予以減刑，但是，對於其他犯罪行為，則無部分責任或減輕責任之適用。

不過即使如此，參酌英格蘭與美國精神醫學會在不同場合所提到的減輕責任，其依據認知準則與控制準則的邏輯與精神，也與大陸法系大同小異（在此還是要一再地特別強調，英

美法體系中減輕責任的內涵與適用範圍，與大陸法體系相當不同）。

　　例如，關於減輕責任之殺人法於1957年立法後，1959年英國刑事上訴法院大法官帕克（Parker）認為對陪審團指引是：[13]

　　……（心智異常）是和尋常人心智狀態如此不同，任何理性的人都會稱為不正常的情形。在我們看來，它應該寬廣到足以涵蓋心智活動的各個方面，不僅是對於身體行為和事物的知覺，以及形成合理判斷行為是否對或錯的能力，還包括運用意志力控制身體行為，使其遵循合理判斷的能力。

　　美國精神醫學會「對於極刑判處，減輕責任的立場聲明」（Position Statement on Diminished Responsibility in Capital Sentencing）：[14]

　　被告於犯罪行為時，因為嚴重精神疾病（severe mental disorder）或心智障礙（mental disability），導致其（a）對於行為本質、結果或錯誤性（違法性）之感知能力，或（b）相關於自身行為，執行理性判斷之能力，或者是（c）使自己行為合乎法律要求之能力，受到顯著損害，不應判處死刑或執行死刑。

　　如果是，主要表現為重複的犯罪行為，或單純歸因

於自願狀況下使用酒精或其他藥物所產生的作用，則不
可單獨構成本條款所稱之精神疾病或心智障礙。

　　無論是使用認知準則或控制準則，皆屬法律學者所稱對於
責任能力判定的心理學立法原則。[15]

　　不過多數學者都指出，目前世界各國對於精神異常抗辯的
法律規範，均採用混和式立法。首先，先確立責任能力的生理
原因（疾病、診斷、精神障礙或心智缺陷等等），其次，再標
明行為人行為時由此原因所生影響責任能力的心理狀態（認知
準則中的辨識能力，或是控制準則中的自我控制能力）。[16]我
國之立法，也是遵循此一原則。

疾病原則與產物法則

　　英美對於精神異常抗辯的歷史演化，讓我們可以長期觀察
到，各個立法原則對於精神異常抗辯所產生的各個效應與爭
議。

　　馬克諾頓法則，是混合式立法中採用生理原則與心理原則
認知準則的立法，但是，雖未加以闡明其生理原則，在認知準
則的嚴格限定下，實際操作運用上常常只能侷限於精神疾病中
的嚴重精神疾病或精神病狀態。

　　達倫法則與新罕布夏法則，其實都是所謂的產物法則，是
拿破崙刑法典法則的後代嫡系，完全摒棄無論是認知或控制準
則所屬的心理原則。因此很自然地，其疾病狀態何者可以符合

精神異常抗辯，何者又不適用，就常常成為爭論的焦點。

　　而模範刑法典法則，便是折衷主義的產物，也是混合式立法的現行典範。我國刑法所稱之「精神障礙或其他心智缺陷」，即是生理或生物原則。而其後所稱，「不能辨識其行為違法」，即是「認知準則」；「無法依其辨識而行為」，即是「控制準則」，兩者合併成為心理學原則。

　　法律學者所稱的生物學或生理學立法，是指採認以精神障礙或其他心智缺陷，作為責任能力的判定原則，換言之，也可以視為是一種疾病或診斷原則，如前面多次提到的拿破崙刑法典法則，例如達倫法則（即產物法則）與新罕布夏法則，還有

比較英美法中三大精神異常抗辯法則基本精神與優缺點

- 馬克諾頓法則　是同時採用生理原則與心理原則（認知準則）的混合式立法，不過在嚴格的認知準則定義下，其判準只能適用於嚴重精神疾病或精神病狀態的案例。

- 達倫法則與新罕布夏法則　皆是所謂的產物法則，屬拿破崙刑法典法則的後代嫡系，僅強調生理原則，完全摒棄認知或控制準則的心理原則，因此該如何判定其疾病狀態適用於精神異常抗辯，就常成為爭論焦點。

- 模範刑法典法則　屬折衷主義產物，也是混合式立法的典範，同時採用「精神障礙或其他心智缺陷」之生理原則，合併考量「認知準則」與「控制準則」之心理原則來進行。

現行的挪威法律。[17]

挪威是現行採用產物法則的少數國家之一，但是，其對於符合精神異常抗辯的精神疾病，則是侷限於精神病狀態、無意識或是重度智能障礙。換言之，相當類似於其他採用混和式立法的國家對於生理學或生物學上的規範。正如美國精神醫學會在2007年聲明中所建議，**嚴重精神疾病**不只是**重大精神科疾病**，還包括**發展障礙**以及其他原因所造成的**心智缺損**（例如嚴重頭部創傷），這些符合精神異常抗辯法律標準的情形。[18]

如果法律本身的條文發展，已經到達穩定的階段，而各國立法也都傾向採用混和式立法原則，那麼，精神異常抗辯，為何還是這麼容易引起爭議？

無罪，但自由了？

有批評者認為，實際上，所謂處遇制度對於精神異常抗辯的影響相當重大，再者，對精神異常抗辯本身的提出與否，刑事程序與脈絡更是重大影響因素。

在美國，其實精神異常抗辯的提出，根據不同時期的統計，在重罪之中都只占不到百分之一。[19]根據美國國家精神衛生研究院1991年以八個州為範圍的研究為例，用整體刑事訴訟案件來統計，以精神異常來做為抗辯（insanity defense）的案件只有1%，而其中又僅有26%的被告經陪審團認定有精神異常，等於所有刑事案件中，只有0.26%（低於千分之3）的被告因精神異常而無罪。[20]2001年在紐約州所做的調查發現，於

1988年到1997年的十年間，在十萬名被告中，只有十七人提出精神異常抗辯，而其中四名被判定精神異常。[21]

其次，美國相當著重訴訟程序，實際上疑似精神障礙者在被起訴後，在提出精神異常抗辯之前，其受審或訴訟能力必須符合各州或聯邦刑法所要求之能力。因此，部分被告未必會進入訴訟審理程序中而提出精神異常抗辯。根據研究發現，所有刑事案件中，約有5%會被要求評估其受審或訴訟能力，而其中又有16%被認為無受審或訴訟能力（incompetent to stand trial）。按此估算，實際上在美國，每年可能有二萬五千人到六萬人接

> **你知道嗎？**
>
> 當代所謂「民事留置」或「強制住院」是一種治療或留置，而不是刑罰。將具有危險性之犯行者限制其自由係基於公眾安全的考量，不受法定最高刑期的限制，因此當被告「因精神異常而無罪」時，由於其精神疾病或心智障礙，被認為無法對自身行為負責，很可能面臨長期且終身無解的監禁。

受受審能力評估，但是，以預估的方式判斷無受審能力或訴訟能力者，至少有三千到一萬人。這些人，根本就沒有進入審判程序，遑論提出精神抗辯。

自海特菲爾德與馬克諾頓以降，無論英美，因精神異常而無罪者，以及無受審或訴訟能力者，長期就待在精神病院之中（在美國，則是州立精神科醫院）。美國各州對於精神障礙

犯行者是採「絕對不定期制」的留置，而仍有定期的司法審查機制。正如1983年美國聯邦最高法院對於鍾斯的判決所揭示。[22]基於公眾安全（public safety）的需求，因精神異常而無罪者在醫院中留置的時間可以比如果獲判有罪應得的最高刑期還長，因為這是已經不是刑罰，而是基於社會或公眾安全需求。此時，所謂公眾安全或是特別預防（specific prevention/deterrence）的意義，已經超越罪責相當的刑罰意義。

近年來的研究與調查逐漸發現，這些精神障礙犯行者常常留置超越其可能判刑的刑期，造成許多被告或其訴訟代理人在司法訴訟階段，不會提出「精神異常抗辯」，因為提出的後果，只會造成當事人的自由被剝奪更久。[23]另一方面的後果則是，許多精神疾病或心智障礙的人犯在獄中服刑。依據美國人權團體引述司法部的統計報告，在州立監獄中，可能有16%的人有需要接受治療的精神疾病，而絕大多數的監獄根本無法處理這類病患。[24]

同樣對於無罪或減刑後治療採取不定期留置的德國，也有類似情形。根據1984年全國性調查，各邦精神病院收容時間平均為二・九年至八・六年。[25]在賽佛特（Seifert）等人於2002年的研究中，個案收容的時間可以從一年至三十三年不等，殺人犯罪通常較其他犯罪的收容時間高出兩倍，而臨床診斷與收容時間並無相關性。[26]這種「絕對不定期」處分的規範所造成的長期留置，也是我國刑法第八十七條修正時，限制監護處分最高為五年的主要原因。

正如精神異常抗辯在各國立法潮流都漸趨雷同的同時，對

於所謂具有危險性精神疾病犯罪者的留置或住院，也相當一致。在美國，由於**民事留置**（civil commitment）或**強制住院**（mandatory/compulsory hospitalization）是一種治療或留置，而不是刑罰，所以將具有危險性者限制其自由，係基於公眾安全，而不違反一罪二罰的原則，也不受如果被判有罪法定最高刑期的限制。同樣地，對於危險性犯罪者，大陸法系基於特別預防的保安處分，也不是刑罰，因此這種處分，也和法定刑期沒有必然的關係。

　　當一位被告「因精神異常而無罪」時，因為精神疾病或是心智障礙，不被認為應對其行為負責，他或她所面對的，竟然是長期而且可能終身無解的監禁。

挪威悲劇：722大屠殺

　　2011年七月二十二日週五下午三點二十五分，安德烈・貝林・布列維克（Anders Behring Breivik）引爆挪威奧斯陸市中心首相及政府大樓附近用九百五十公斤肥料製成的汽車炸彈，造成八人死亡，九人重傷。[27]不考慮他後續的惡行，這已經是斯堪地那維亞地區有史以來最嚴重的恐怖主義作為。[28]二小時之後，在奧斯陸郊外於烏托島（Utøya）上，布列維克著警察制服槍擊了挪威工黨青年營近六百位參與者，最後死亡六十九人，其中六十七人是陸續遭射殺，二人在逃跑時遭射殺，另外三十三位受嚴重槍傷。[29]倖存者事後指證，布列維克射擊時穿著警察制服，還誘騙藏匿者走出來，邊射擊時邊不斷笑著、叫

喊，而且還會回到已經遭槍擊的受害者身旁重複射擊。五十分鐘後，他透過電話向警方喊話說「我是挪威反共產主義抵抗運動安德烈・貝林・布列維克指揮官，我在烏托島，我要投降」後，繼續向人射擊。再二十分鐘後，他才向武裝警力投降，並說自己是挪威聖殿騎士團（Knights Templars）的指揮官，認為受害者是歐洲的叛徒，因此進行這項行動。

布列維克於1979年二月十三日出生於挪威奧斯陸，雙親結婚前各自有一段婚姻，父親是挪威駐外領事人員。1980年父母離婚，布列維克與母親、同母異父的姊姊同住於奧斯陸。1983年間母親曾經請求兒童福利機構（Child Welfare Service）的協助，後來接受兒童精神醫學評估，評估建議讓布列維克接受寄養，但是兒童福利機構認為應給予居家指導後，1984年結案。[30]

布列維克高中開始就相當在意自己的外貌，二十歲前做過鼻部整型，青少年時期就頻繁使用同化類固醇（anabolic steroid），直到攻擊前都還持續使用[31]。他沒完成高中結業考試，但是自己開了幾家公司，包括在網路上販售假文憑；事後警方調查發現，那段時間他從網路以及股票交易獲利約四百五十萬挪威克朗（約六十萬歐元）。2006年他宣告破產，搬回家與母親同住。相較於高中時期的社交參與，他此時變得退縮，沉迷在網路遊戲如魔獸世界（World of Warcraft）上。2009年他開設一家農業公司，然後在2011年租了一個農場，以便購入大量肥料製造爆裂物。

這些背景調查，卻和攻擊事件當天發布在網路的

「2083：歐洲獨立宣言」（2083: A European Declaration of Independence）有些不同。這份剪貼而成近1500頁、代表自己的極右激進意識形態（反穆斯林、反移民、反社會主義）的宣言，摘錄自右翼分子的部落格，還混雜著意識形態自相矛盾、或是理論衝突的言詞，包括卡爾馬克思（Karl Marx）、英國首相布萊爾（Tony Blair）、賓拉登（Osama bin Laden）甚至於喬治‧布希（George Bush）等等的言論。警方調查發現他是獨立行動，與所謂歐洲聖殿騎士沒有什麼關係，也沒有確實證據顯示這個組織存在，更沒有證據顯示他和任何極端或恐怖組織有所關連。

壞或瘋

　　布列維克的律師原本告訴媒體，他認為自己的當事人是精神異常，但是2012年五月開始，律師卻持續地向法庭傳達不同意見，布列維克自己向法庭說「對一位政治活躍分子而言，可以想到最糟的事情就是被送去『精神病房』」。[32]

　　挪威刑法規範最重的刑期是二十一年，而沒有死刑或無期徒刑。對於特殊嚴重的犯罪行為，法院可以判處特殊的保護性留置[33]，最多五年[34]。挪威對於精神異常抗辯的立法，很類似拿破崙刑法典法則的規範，也很類似達倫法則的規範。根據2002年修正的挪威刑法第四十四條[35]，被告如果因精神病狀態[36]、或無意識、或是重度智能障礙，法院就應判處強制治療，而非入監服刑。但是，如同許多國家的民眾一樣，挪威民

眾也常以為如果精神異常，那犯人就可以「自由」了。[37]實際上，在挪威，如果在法律上精神異常，可能就須面對更長的治療處分，更可能比二十一年最長刑期還久（雖然這在法律上稱為治療處分或留置，而非服刑）。

2011年十一月二十九日，在十三次三十六小時會談後，布列維克的第一份精神鑑定報告呈給法院。兩位精神科醫師認為，布列維克雖然沒有精神分裂症患者常見的幻覺、非組織化的言語思考，但是卻充斥著誇大、特殊主題內容的政治性妄想。他同時常常會創造許多奇特的言詞，有其特殊的定義，符合新語現象（neologism）。他同時還有社交退縮（social withdrawal）情形，表情也常常怪異不適切（inappropriate affect），特別在討論到自己的特殊想法與攻擊行為時。鑑定醫師並不認為，布列維克的政治主張或意識形態是妄想，鑑定依據的主要判斷來自於其所認定的組織以及自己的角色，都是誇大虛構的，不符合現實，因此認定是精神病狀態。

布列維克犯案前已經持續而長期地服用同化性類固醇，而且犯案當天血液檢查還發現使用大量麻黃素、咖啡因與阿斯匹靈。報告認為這些藥物不是疾病的原因，但卻加重了他的精神狀態表現。

布列維克的臨床診斷是：精神分裂症，妄想型。

鑑定報告意外地讓媒體獲悉，因此由一位律師取得完整複本，並且刊登在挪威發行量很大的小型報紙《Verdens Gang》，完整內容則公布於網路。[38]

果然，群情激憤。甚至於挪威特有的、檢視鑑定報告的

挪威法醫學委員會精神醫學組（Norway Forensic Medicine Commission, Psychiatric Group），都表達不同意見。[39]政治陰謀論也被提出，批評者認為挪威工黨執政當局，企圖用精神異常來掩飾挪威存在著右翼激進分子的事實。媒體對於鑑定醫師的看法，也有許多不同的批評與意見（殷鑑不遠，在奧斯福與馬克諾頓案件中，也有批評者認為這是用精神異常來掩飾社會不滿，以及工人階級遭遇不平的想法）。

2012年一月，承審的奧斯陸地方法院，再度請另外兩位精神醫師進行鑑定，期間是二月到三月間住院觀察，並請監獄精神科醫師與工作團隊提供自2011年九月開始的每週一次的照會資料。

第二份鑑定報告認為布列維克是自戀性人格疾患。二次鑑定醫師同意，並沒有發現幻覺、非組織化的言語思考。不過他們以為，布列維克誇大、自以為是的想法，在極端分子中相當常見，並非妄想。他所用的新語，其實是網路上常常可見的語言；鑑定還認為所謂的社交退縮，其實是進行恐怖攻擊前的準備等等。

2012年六月二十二日，地方法院進行審判結辯，布列維克的律師傾向維護第二份鑑定報告，並且請監獄精神科醫師與工作團隊出庭，證明其神智清楚、行為正常，還引用媒體上許多專家的意見。有趣的是，檢方則力圖證明布列維克是精神異常，無法對其行為負責，應該接受長期強制治療。

2012年八月二十四日，法院判決布列維克無精神異常，應對其行為負責，處二十一年徒刑，至少應服刑十年，[40]如果仍

有危險性則可再留置五年。[41]布列維克放棄上訴。

專家的戰爭或輿論的審判？

和許多國家一樣，審判中的鑑定報告在法庭收到前，應該是不公開的。但是，這種高度受矚目（high-profile）的案件，在各方關注與利益所及之下，很容易也常常不意外地成為眾矢之的。鑑定醫師與監獄工作團隊，長期受到媒體電話追蹤和面對面邀訪，媒體甚至企圖參加閉門會議、訪問工作人員的家屬等等。媒體也不斷邀請不同意見專家對鑑定內容提出質疑與批評，特別是針對當時引發爭議的第一份鑑定結果。

但是，挪威精神科醫師並非皆異口同聲地對於鑑定報告提出抨擊。許多專家拒絕接受媒體訪問，甚至有許多專業工作人員公開表達對於鑑定的支持，並且提醒大眾與媒體，必須考量評鑑評估的困難、臨床表現的不穩定性與被告配合度的影響等等。[42]

另外一個值得思考的問題其實是，最後布列維克還是透過訴訟，得到他想要的結果，而檢方主張被告精神異常的意見，反而不被法庭接受。到底，誰贏得了這一場訴訟？

相對於一些媒體對於精神鑑定的大聲責難，對於布列維克的父母，挪威媒體倒是沒有嗜血或獵巫般地苛責他們。父親談到自己，很想以死了斷；母親的臉書，湧入數萬名挪威人的鼓勵，認為這位母親也是受害者。沒有麥克風追著他們，問說，你對兒子犯下這起殺人案，有什麼感覺？[43]你要不要道歉？

　　挪威在該事件後，仍誓言維持一個寬容自由的社會，世界各國紛紛表達尊崇。[44]在亞熱帶的臺灣，聽聞北方那遙遠的冷冽國度，烏托島倖存者（她也是工黨夏令營參與者）、二十七歲的挪威國會議員荷漢（Stine Renate Håheim），面對CNN訪問的發言，不由得感到動容：[45]

　　　如果一個人可以製造那麼多的仇恨，可以想像，當我們所有人聚在一起時能產生多少愛。

　　這句話，也在後來挪威總理公開談話裡再次被引用，成為挪威本次事件的標記。他們依稀還記得在每個悲劇背後，無論是否出於精神異常，其實都有著求援的聲音。因為，遠方這個我們或許不熟悉的社會，在歷經無法理解、無法想像的瘋狂事件之後，並沒有失去他們一貫如常的傾聽與理性。當海特菲爾德與馬克諾頓案件發生時，精神醫學的先驅者其實是殷切期望法律體系，不應處罰那些罹患疾病或障礙、而且無法被人瞭解的人，所以他們進入法庭，勇敢作證。

　　我必須向米樹・傅柯（Michel Foucault）抗議，精神異常抗辯的提出與歷史，不應該看做是精神醫學加入社會控制的一段歷史，而是站在精神疾病患者發言的立場，對於國家機器與法律制度的一種騷動和斯文抗爭，就如同傅柯與精神科醫師兼精神分析師拉岡（Jacques Lacan），他們的同事阿圖塞（Louis Althusser）在晚年所遭遇的事。[46]

　　美國民眾無法贊同辛克利的判決，就如同挪威民眾無法認

同布列維克的第一份鑑定報告一樣。但他們許多人卻無法同時意識到，辛克利在三十年後，和歷史上著名的個案一樣，仍無法重獲自由；而挪威的檢察官，雖不敢言明卻十分期盼以精神異常之名，在挪威的制度中，讓被告在醫院中終其一生而無須釋放。

精神異常抗辯，在老貝利街倫敦中央刑事法庭、博愛路臺北地方法院中，檢察官的詰問與質疑聲響，二百年來依舊。在倫敦、華盛頓、奧斯陸以及臺北，涉及精神異常抗辯的主題，常常冷不防地躍居媒體焦點而喧騰多時。

或許，精神異常所帶來的罪與罰等終極又矛盾的問題，是我們最不容易思考與面對，更難以釐清的主題。任何社會、任何人，對於威脅，對於無法理解、無法想像之事，都會心生畏懼。

但是，面對涉及犯罪的精神疾病或心智障礙者，我更畏懼而且更惶恐的是，精神科醫師，在身負判斷一位被告、一位被鑑定人是否可因精神異常而無罪或減輕責任的任務時，會不會因為種種擔心與疑慮，而失去這項任務所需的冷靜與理性判斷，以及，面對輿論攻擊與質疑的勇氣。

註釋

1　Thomas Maeder: *Crime and Madness: the Origins and Evolution of the Insanity Defense*. Harper & Row, Publishers: New York 1985, p 38.
2　吳建昌：〈從精神醫學探討精神障礙影響刑事責任能力之判準〉。《刑事法雜誌》，1999；43：86-133。本段論述見頁95。
3　張麗卿：〈刑事責任相關之立法修正評估〉。《新刑法探索》。元照出版：台北市，2014，頁77。
4　〈刑事責任相關之立法修正評估〉，頁82。
5　2005年一月七日通過2005年二月二日公布之刑法部分修正，其中第十九條立法理由中明確說明，係參照德國刑法立法。當時刑法修正案所附之立法理由，請參見我國立法院網站立法資料庫，及各法學資料庫。
6　詳見網站http://www.npc.gov.cn/wxzl/wxzl/2000-12/17/content_4680.htm
7　林輝煌：《論刑法上「心神喪失」免責之抗辯（上）－美國法制之參酌》。台灣本土法學，2006；84：25-47。本段論述見頁33。
8　*Crime and Madness*, p 73.
9　Abraham Goldstein: *The Insanity Defense*. Yale University Press: New Haven 1967, p 81.
10　Ibid., p 82.
11　英國只接受馬克諾頓法則，而且在實際判例中，對於所為行為之本性與特質，採用嚴格的解釋，只接受其物理特質。參見前述英國寇德爾案件，試圖提出「本性」（nature）為物理性質，「特質」（quality）為道德特質，但是不為法庭所採納。法庭認為兩者都是指涉物理性質。
12　Rita J Simon and Heather Ahn-Redding: *The Insanity Defense, the World over*. Lexington Book: Lanham 2006, p 85.
13　*Crime and Insanity in England. Volume one*, p 155.
14　American Psychiatric Association: *Position Statement on Diminished Responsibility in Capital Sentencing, 2004.*
15　〈刑事責任相關之立法修正評估〉，頁44。
16　見張麗卿教授之〈刑事責任相關之立法修正評估〉，頁44。又如吳景芳：〈英美法上精神異常認定標準之研究〉。《刑事法研究》（第一冊），五南，台北，1999年，頁56。
17　〈刑事責任相關之立法修正評估〉，頁43。文中所稱1810年法國刑法第六十四條，即是拿破崙刑法典第六十四條。
18　American Psychiatric Association: *Position Statement on the Insanity Defense, 2007.*
19　American Psychiatric Association: *The Insanity Defense, Position Statement, 1982.* 參見第2頁以及所引用文獻。
20　Lisa A Callahan, Henry J Steadman, Margaret A McGreevy & Pamela Carl Robbins: The volume and characteristics of insanity defense pleas: an eight-state study. Bulletin of

American Academy of Psychiatry and the Law 1991; 19: 331-8. 這項研究，其實後來集結成書的：Henry J Steadman, Margaret A McGreevy, Joseph P Morrissey, Lisa A Callahan, Pamela Clark Robbins & Carmen Cirincione: *Before and After Hinckley: Evaluating Insanity Defense Reform*. The Guilford Press: New York 1993.

21 Stuart M Kirschner and Gary J Galperin: *Psychiatric defense in New York County: pleas and results*. Journal of American Academy of Psychiatry and the Law 2001; 29: 194-201.

22 Almost a Revolution: *Mental Health Law and the Limit of Change*, p 179. 這個案件：JONES v. UNITED STATES, 463 U.S. 354 (1983)，可於下列網址下載：http://caselaw.lp.findlaw.com/scripts/getcase.pl?navby=search&friend=kmarx&court=US&case=/us/463/354.html。

23 John Q Lafond and Mary L Durham: *Back to the Asylum: The Future of Mental Health Law and Policy in the United States*. New York: Oxford University Press 1992.

24 Lynne Lamberg: *Efforts grow to keep mentally ill out of jails*. Journal of American Medical Association 2004; 292: 555-6. 以及Human Right Watch: *Ill-Equipped: U.S. Prisons and Offenders with Mental Illness*. New York: Human Right Watch 2003.

25 Rüdiger Müller-Isberner, Roland Freese, Dieter Jöckel & Sara Gonzalez Cabeza: *Forensic psychiatric assessment and treatment in Germany*. International Journal of Law and Psychiatry 2000; 23: 467-480.

26 Dieter Seifert, Karen Jahn, Stefanie Bolten & Markus Wirtz: *Prediction of dangerousness in mentally disordered offenders in Germany*. International Journal of Law and Psychiatry 2002; 25: 51-66.

27 Ingrid Melle: *The Breivik case and what psychiatrists can learn from it*. World Psychiatry 2013; 12: 16-21.

28 Simon Wessely: *Anders Breivik, the public and psychiatry*. Lancet 2012; 379: 1563-4.

29 Per Helge Måseide: *The battle about Breivik's mind*. Lancet 2012; 379: 2413. 同時可參考，Walton T Roth & Stephen R Dager: *Psychiatry on Trial: The Norway 2011 Massacre*. The Journal of Nervous and Mental Disease. 2014; 202: 181-5.

30 *The Breivik case and what psychiatrists can learn from it*, p 16.

31 同化性類固醇（anabolic steroid），其實是同化性雄性類固醇（anabolic-androgenic steroid），其作用與尋常所稱類固醇（醣皮質類醇，glucocorticoid）非常不同。同化性類固醇會直接增加肌肉中蛋白質的合成及促進同化性雄性素荷爾蒙的分泌，臨床上可用作幫助患者增加體重或治療某些貧血。而且，同化性類固醇常為運動選手濫用以增加運動爆發力和肌肉強度。

32 *The battle about Breivik's mind*.

33 *The Breivik case and what psychiatrists can learn from it*, p 17.

34 *Psychiatry on Trial*, 183.

35 Pål Grøndahl: *Scandinavian forensic psychiatric practices-an overview and evaluation*. Nordic Journal of Psychiatry 2005; 59: 92-102.

36　所謂精神病狀態與重度智能障礙，挪威法律規範依當時診斷準則而定；而重度智能障礙通常則是指智力測驗低於四個標準差或標準化量表低於55。見 *The Breivik case and what psychiatrists can learn from it*, p 17.

37　*The battle about Breivik's mind.*

38　*Psychiatry on Trial*, p 182.

39　*The Breivik case and what psychiatrists can learn from it*, p 18.

40　Ibid., p 19.

41　*Psychiatry on Trial*, p 183.

42　*The Breivik case and what psychiatrists can learn from it*, p 20.

43　李瀚仲，《安然無恙不比遺憾好：挪威七二二屠殺案之後》。台北市：印刻出版，2011年，頁23。

44　*The battle about Breivik's mind.*

45　《安然無恙不比遺憾好：挪威七二二屠殺案之後》，頁10。

46　路易・阿圖塞（Louis Althusser），這位我與許多朋友於大學時崇拜的法共理論家、結構主義馬克思主義者，於1980年十一月十六日從家中跑出去，喊著，我勒死了埃萊娜（Hélène，阿圖塞的妻子）。阿圖塞本人對於這次事件的說法見於其自傳，英文版，Louis Althusser: *The Future Lasts Forever, a Memoir*. The New Press New York 1993. 中文版，阿爾都塞（法）：《來日方長：阿爾都塞自傳》。上海人民出版社，上海市，2013。

依據中文版書末所附年表，阿圖塞1918年十月十六日生於阿爾及爾，1938年四月應該是他第一次憂鬱症發作，之後他歷經多次鬱期以及躁期、輕躁期，也數度住院。就有限資料看起來，極可能是雙極性情感性精神疾患（Bipolar Disorder）。1981年二月，巴黎公訴檢察官決定，他因為刑法第六十四條之精神異常而不負刑責，因此不予起訴。阿圖塞無罪不起訴，就是根據精神科醫師的鑑定，認為他因病而無法對其行為負責。阿圖塞短期住院後就出院自宅療養，也數度再住院，後於1990年十月二十二日病逝。

著名的精神科醫師與精神分析師雅各・拉岡（Jacques Lacan, 1901-1981），以及哲學家與精神醫學史家米榭・傅柯（Michel Foucault, 1926-1984），都是阿圖塞在高等師範學院的同事與友人。當時法國刑法第六十四條，已非拿破崙刑法典之疾病產物法則，而是合併認知與控制準則。

延伸閱讀

● 《不只是怪，可能是病了：認識日常生活中的精神病》，
2014，劉震鐘，心靈工坊。

● 《失落的童年：性侵害加害者相關的精神分析觀點》，
2012，約翰・伍茲，心靈工坊。

● 《他不知道他病了：協助精神障礙者接受治療》，2003，哈
維亞・阿瑪多、安娜麗莎・強那森，心靈工坊。

● 《不要叫我瘋子：還給精神障礙者人權》，2003，派屈克・
柯瑞根、羅伯特・朗丁，心靈工坊。

● 《司法精神醫學：刑事法學與精神醫學之整合（2011年最新
版）》，2011，張麗卿著，元照出版。

● 《注意！你可能患了注意力缺失症！全新策略療癒六型
ADD》，2011，丹尼爾・亞曼，野人。

● 《如何與非自願個案工作》，2008，克里斯・察特，張老師
文化。

● 《精神醫療的美麗境界》，2005，張君威，秀威資訊。

● 〈精神疾病患者刑責能力之精神病理學研究〉，1976，林憲
著，《臺灣醫學會雜誌》；75:3

Psychotherapy 42

以瘋狂之名：英美精神異常抗辯史
In the Name of Madness:
A Historical Overview on the Insanity Defense in Britain and the United States
作者—楊添圍

出版者—心靈工坊文化事業股份有限公司
發行人—王浩威
總編輯—徐嘉俊
責任編輯—黃心宜
特約編輯—裘佳慧
內文排版—冠玫股份有限公司
通訊地址—106台北市信義路四段53巷8號2樓
郵政劃撥—19546215
戶名—心靈工坊文化事業股份有限公司
電話—02）2702-9186　傳真—02）2702-9286
Email—service@psygarden.com.tw
網址—www.psygarden.com.tw

製版・印刷—中茂分色製版印刷事業股份有限公司
總經銷—大和書報圖書股份有限公司
電話—02）8990-2588
傳真—02）2290-1658
通訊地址—248新北市新莊區五工五路2號（五股工業區）
初版一刷—2015年12月　初版二刷—2023年3月
ISBN—978-986-357-050-9
定價—360元
ALL RIGHTS RESERVED

國家圖書館出版品預行編目資料

以瘋狂之名：英美精神異常抗辯史 / 楊添圍作. -- 初版. --
臺北市：心靈工坊文化, 2015.12
　面；　公分
ISBN 978-986-357-050-9 (平裝)

1.司法精神醫學

586.669　　　　　　　　　　　　　　　　　104025768

心靈工坊 PsyGarden 書香家族 讀友卡

感謝您購買心靈工坊的叢書，為了加強對您的服務，請您詳填本卡，
直接投入郵筒（免貼郵票）或傳真，我們會珍視您的意見，
並提供您最新的活動訊息，共同以書會友，追求身心靈的創意與成長。

書系編號－PT 042　　　書名－以瘋狂之名：英美精神異常抗辯史

姓名 _____　是否已加入書香家族？ □是 □現在加入

電話 (O) _____ (H) _____　手機 _____

E-mail _____　生日　年　月　日

地址 □□□ _____

服務機構（就讀學校）_____　職稱（系所）_____

您的性別－□1.女 □2.男 □3.其他

婚姻狀況－□1.未婚 □2.已婚 □3.離婚 □4.不婚 □5.同志 □6.喪偶 □7.分居

請問您如何得知這本書？
□1.書店 □2.報章雜誌 □3.廣播電視 □4.親友推介 □5.心靈工坊書訊
□6.廣告DM □7.心靈工坊網站 □8.其他網路媒體 □9.其他 _____

您購買本書的方式？
□1.書店 □2.劃撥郵購 □3.團體訂購 □4.網路訂購 □5.其他 _____

您對本書的意見？
• 封面設計　　　□1.須再改進 □2.尚可 □3.滿意 □4.非常滿意
• 版面編排　　　□1.須再改進 □2.尚可 □3.滿意 □4.非常滿意
• 內容　　　　　□1.須再改進 □2.尚可 □3.滿意 □4.非常滿意
• 文筆／翻譯　　□1.須再改進 □2.尚可 □3.滿意 □4.非常滿意
• 價格　　　　　□1.須再改進 □2.尚可 □3.滿意 □4.非常滿意

您對我們有何建議？

_____

_____

心靈工坊
【PsyGarden】

台北市106 信義路四段53巷8號2樓
讀者服務組　收

（對折線）

加入心靈工坊書香家族會員
共享知識的盛宴，成長的喜悦

請寄回這張回函卡（免貼郵票），
您就成為心靈工坊的書香家族會員，您將可以——

⊙隨時收到新書出版和活動訊息

⊙獲得各項回饋和優惠方案